Feindin - Freundin Schwiegermutter

Sachs-Verlag

Die Deutsche Bibliothek - Cip-Einheitsaufnahme
Neumann-Prystaj, Petra:
Feindin - Freundin - Schwiegermutter :
ein Lese- und Ratgeberbuch über die Frau, die keinen kalt läßt / Petra Neumann-Prystaj. -
Roßdorf bei Darmstadt : Sachs, 1996
ISBN 3-928294-03-2

Herstellung: Papier 100 % Recycling

Herstellungsverfahren nach neuesten ökologischen Erkenntnissen

26 Abbildungen, davon 7 farbige

Impressum:

ISBN 3-928294-03-2

Für Zeitschriften, Rundfunk und Fernsehen kann beim Verlag eine ausführliche Presseinformation angefordert werden.

Titel: Christel Sachs / H. P. Murmann
Titelfoto: Guido Schiek
Konzept und Gestaltung: Christel Sachs / H. P. Murmann
Lithos und Satz: H. P. Murmann
Druck: Druckhaus Darmstadt GmbH, Darmstadt
Bindung: Hollmann GmbH, Darmstadt

Petra Neumann-Prystaj

Feindin · Freundin Schwiegermutter

Ein Lese- und Ratgeberbuch
über die Frau, die keinen kalt läßt

Herzlichen Dank für Ihre Unterstützung:

Für ihre Mitarbeit danke ich allen Frauen und Männern, die mir ihre Zeit schenkten und mit großer Offenheit über ihre Schwiegermutter- oder Schwiegertochterbeziehung sprachen.

Sämtliche Namen der Gesprächspartnerinnen und -partner wurden vom Verlag geändert. Die auf den Szenenfotos abgebildeten Personen sind nicht mit ihnen identisch. Es sind Laien, die uns freundlicherweise Modell gestanden haben.

Einen wichtigen Teil zu diesem Buch haben aber auch Fachberaterinnen und -berater beigesteuert. Sie schilderten mir aus ihrem Erfahrungsschatz die typischen Schwiegermutterkonflikte, ihre Ursachen und Lösungsmöglichkeiten.

Mein ganz besonderer Dank gilt Frau Professor Dr. Margarete Hecker, Dipl.-Päd. Hans-Georg Folz, Dipl.-Psych. Wolfgang Paul, Rudi Damrau, Dipl.-Psych. Ingrid Allißat und der Sozialarbeiterin Beatrice Hog-Schüssele.

Autorin

Petra Neumann-Prystaj

geb. 1948, verheiratet, ein Sohn.

Volontariat bei der Tageszeitung „Darmstädter Echo". Seit 1970 Lokalredakteurin mit Schwerpunkt Sozial-, Gesundheits- und Kommunalpolitik in Darmstadt. Herausgeberin und Mitautorin des Buches „Darmstadt romantisch" (1991, Reba-Verlag Darmstadt). In den achtziger Jahren freie Mitarbeit bei der Zeitschrift „Brigitte". 1995 mit dem Konrad-Adenauer-Preis für Lokaljournalisten für die Zeitungsserie „Von Sozialhilfe leben - ein Selbstversuch" ausgezeichnet. 1996 Anerkennungspreis der Christophorus-Stiftung Hamburg für einen Bericht über Alkohol am Steuer „Das tödliche Kavaliersdelikt".

Inhalt

Seite

Seite

Und tschüs, liebe Mutter!

Am Anfang tut es gar nicht weh. Das Jawort von Braut und Bräutigam macht aus Müttern Schwiegermütter. Ganz automatisch, ohne deren eigenes Zutun. Ob zu guten oder bösen, wird die Zukunft zeigen. Auch wenn sich dic beiden Damen noch jugendlich und attraktiv fühlen, so können sie spätestens auf dem Standesamt nicht mehr die Augen davor verschließen, daß sie durch das „Ja" ihrer Kinder zur nächstälteren Generation aufrücken. Ein Aufstieg, der mancher Mutter im Stimmungstief nach dem Hochzeitsfest wie ein langsamer Abstieg vorkommen mag - ist er doch mit einem Aufgabenwechsel verbunden, mit dem sie noch keine Erfahrung hat. Abrupt wird sie mit ihrer dritten Lebensphase konfrontiert: Der Spätsommer ist vorbei, es herbstelt. Die Jungen, das sind jetzt die anderen.

Daß nun ein Lebenskapitel abgeschlossen ist, nehmen Sohn und Tochter auf die leichte Schulter. Und tschüs, liebe Mutter! Du warst die Beste, doch jetzt beginnt etwas Neues für uns alle. Scheiden tut weh. Das ist der Grund, warum auf Hochzeiten viel geweint wird. Vorhang auf für das Schwiegermutterdrama.

Manche Mütter wollen sich von „der Neuen" in der Familie nicht so einfach beiseite schieben lassen und kämpfen mit allen Mitteln um den Erhalt ihrer alten Rechte. Sie weigern sich, die Veränderung zu akzeptieren. Das Klagelied junger Schwiegertöchter hat endlos viele Strophen: „Meine Schwiegermutter mischt sich in alles ein!" „Meinem Mann bietet sie immer etwas zu essen an, aber mir nie!" „Ansichten hat die Frau - so alt wie der Mann im Mond!" „Ich hasse es, wenn sie ungefragt bei mir aufräumt. Dann komme ich mir immer so klein und blöd vor!" „Sie betüttelt unseren Sechsjährigen, als wenn er noch ein Baby wäre!"

Schwiegersöhne fühlen sich kontrolliert und kritisiert, wenn die Schwiegermutter allzu häufig auftaucht und sich in der neuen Familie einen festen Platz sichern will. Die Hartnäckigkeit und mangelnde Feinfühligkeit des ungebetenen Hausgastes, der die Zeichen der neuen Zeit nicht sehen will, ist Thema vieler Witze.

Was ist eigentlich so schlimm an Schwiegermüttern? Sie sind doch auch nur Frauen, gleichzeitig Mütter, Töchter und Großmütter, spielen im großen Familientheater zeitweise also durchaus sympathische Rollen, was sich allgemein in freundlichen Kritiken der Mitspieler niederschlägt. Doch wenn sie als Schwiegermütter auftreten, verlieren sie diesen Sympathie-Bonus. Dann funkeln Schwiegertöchter und -söhne sie aus frisch geputzten Kritikerbrillen an, nehmen jede falsche Bewegung, jedes falsche Wort in scharfer Vergrößerung wahr.

Mit der „angeheirateten Mutter" haben die Schwiegerkinder zunächst ja nur die Liebe zu Sohnemann oder Tochterfrau gemeinsam, noch keine Familiengeschichte. Die kritische Betrachtungsweise der Einsteiger wird also nicht durch freundliche, während der Kindheit und Jugendzeit gewachsene Gefühle abgepuffert. Der Sohn mag großzügig über mütterliche Störmanöver hinwegsehen - „so ist meine Mutter halt, sie war schon immer so" -, die Schwiegertochter aber knirscht: „Warum mischt sich die Alte bloß in alles rein? Sie soll verschwinden."

Umgekehrt gilt das für die Schwiegereltern natürlich genauso, und je nach Einstellung werden sie sich mit der neuen Situation entweder arrangieren und die Schwiegerkinder überschwenglich als zusätzliche „Kinder" begrüßen oder aber sie kühl als „Familieneindringlinge" behandeln. Und schon blinken die Alarmlämpchen: Achtung, Konflikt!

Welcher Dämon macht am „schönsten Tag im Leben" (der Braut) aus einer bislang herzensguten Mutter eine böse Schwiegermutter? Ist es Eifersucht? Rivalität? Verlustangst? Egoismus? Wie verändert sich die Beziehung der beiden Frauen, wenn das erste Enkelkind geboren wird? Kann man voraussagen und -sehen, ob eine Frau als Schwiegermutter nett oder nervig sein wird?

Diesen Fragen bin ich in vielen Interviews mit Schwiegertöchtern, -söhnen, -müttern und Psychologen nachgegangen. Ich wollte aber auch herausfinden, wie das Klischee von der bösen Schwiegermutter entstanden ist, ob es in seiner ganzen Brutalität tatsächlich existiert oder ob - so meine Vermutung - die Spezies des giftigen Hausdrachens im modernen Familienklima nicht mehr gedeihen kann. Zu welchen seelischen Grausamkeiten Schwiegermütter fähig waren und was sie zu diesen Boshaftigkeiten antrieb, versuche ich am Beispiel von drei historischen Schwiegermutter-Opfern zu beschreiben. Ein Blick über deutsche und europäische Grenzen hinweg offenbart, welche Macht Schwiegermütter in patriarchalisch geprägten Kulturen haben oder hatten. Im Ratgeberteil erfahren die Leserinnen und Leser, an wen sie sich wenden können, wenn ihnen die Familienkonflikte über den Kopf wachsen.

In diesem Buch kommen aber auch die vielen Frauen nicht zu kurz, die mit ihren Schwiegermüttern harmonisch zusammenleben und ihnen dankbar sind für ihre vielfältigen Hilfen, vor allem bei der Betreuung der Kinder. So manche Interviewpartnerin vertraute mir an, daß sie mit ihrer „Schwiemu" besser klarkommt als mit ihrer eigenen Mutter.

Dieses Buch ist allen Schwiegertöchtern und Schwiegermüttern gewidmet, die eine gute, faire Verständigung anstreben. Es soll ihnen helfen, eine bessere oder zumindest nervenschonendere Einstellung zueinander zu finden.

Ich wünsche mir, daß die Leserinnen nach der Lektüre des Buches wissen, was sie am Umgang mit ihrer Schwiegermutter oder -tochter ändern können und was sie um des eigenen Seelenfriedens willen als unveränderlich und unverbesserlich hinnehmen müssen. Und ich wünsche den jungen Frauen, daß sie die guten Schwiegermütter werden, die sie immer haben wollten.

Petra Neumann-Prystaj

Drei bekannte Schwiegermutter-Opfer

Sisi oder Die gestohlenen Kinder

Wie kommt eine Mutter dazu, ihr viertes Kind „die Einzige“ zu nennen und die drei älteren Kinder damit zu brüskieren? Die Mutter hieß Elisabeth, wurde „Sisi“ genannt, als Sissi durch die Filme mit Romy Schneider weltberühmt und war immerhin Kaiserin von Österreich. Ein mächtiges Amt, sollte man meinen. Doch auch Kaiserinnen sind nicht immer frei in ihren Entscheidungen. Sisi konnte nicht verhindern, daß ihre herrschsüchtige Schwiegermutter Sophie, die zugleich ihre Tante, die Schwester ihrer Mutter war, die Erziehung ihrer drei ersten Kinder übernahm. Aber innerlich wehrte sie sich gegen den Raub ihrer Mutterrolle. Aus Selbstschutz betrachtete sie die drei „gestohlenen“ und der strengen Hofetikette geopferten Kinder Sophie, Gisela und Rudolf nicht mehr als ihre eigenen und untersagte sich, sie zu lieben. Erst nach der Geburt von Marie Valerie vermochte sich Sisi gegen ihre Schwiegermutter durchzusetzen und schenkte dieser Tochter alle ihre mütterlichen Gefühle.

Ein zeitgenössisches Bild zeigt Sophie und Sisi mit ihren Ehemännern Erzherzog Franz Carl und Kaiser Franz Joseph kurz nach der Geburt von Sisis zweiter Tochter Gisela. Das Baby döst auf dem Schoß seiner Großmutter, die es liebevoll anschaut. Sisi aber wendet sich von den beiden ab, als wären es Fremde. Nur ihre rechte Hand hält noch Kontakt zum kleinen Blondschopf, doch diese Geste wirkt wie eine hauchzarte Liebkosung vor dem Loslassen. Das ältere Töchterchen Sophie klammert sich an das Hosenbein Franz Josephs, der ganz im Bann seiner schönen Frau steht und nur für sie Augen hat. Die erste Familie Österreichs, so deutet der Hofmaler in diesem Gemälde diskret an, hat ein massives Schwiegermutter-Problem.

Die junge Kaiserin Elisabeth ('Sisi')
Nach einem Gemälde von F. X. Winterhalter.

Sie waren ein so vielversprechendes Paar gewesen, die fünfzehnjährige bayerische Herzogin Elisabeth und der 23 Jahre alte österreichische Kaiser Franz Joseph. In einer Zeit, in der „Vernunftehen" aus Staatsräson an Fürsten- und Königshäusern die Regel waren, heirateten sie aus Liebe. Sisis Eltern, die zur herzoglichen Linie der Wittelsbacher gehörten, fühlten sich geehrt, als der österreichische Herrscher Interesse an ihrem Töchterchen zeigte - einem Naturkind, das bayerischen Dialekt sprach, wenig Bildung, aber herrliche kastanienbraune Zöpfe besaß und eine Schönheit zu werden versprach. Das schüchterne Mädchen faszinierte Franz Joseph weitaus mehr als ihre ältere Schwester, die ihm seine Mutter Sophie als Braut zuführen wollte.

Kaum hatte sich der Kaiser für Sisi entschieden, begann Erzherzogin Sophie von Wien aus, das Naturkind mit brieflichen Anordnungen nach ihren Vorstellungen umzuerziehen. Das junge Mädchen mußte sich von Privatlehrern schulisches Wissen im Schnellverfahren beibringen lassen. Ihre künftige Schwiegermutter verordnete ihr aber nicht nur mehr Bildung, sondern ermahnte sie auch, sich die Zähne besser zu putzen und weniger zu reiten. Das war schon ein kleiner Vorgeschmack auf den späteren Psychokrieg zwischen den beiden Frauen. Artig und schüchtern, wie sie damals (1853/54) war, wagte es die sechzehnjährige Braut nicht, sich der energischen Kaisermutter offen zu widersetzen.

Die Erzherzogin richtete den Jungvermählten eine Wohnung in der Wiener Hofburg ein, was allgemein als Geste der Fürsorge und Großzügigkeit verstanden wurde. Ihre eigenmächtige Entscheidung zeigt aber auch, wie wenig sie von den Fähigkeiten und dem Geschmack des jungen Mädchens hielt. Sisi wurde ein „gemachtes Nest" bereitet, und sie hatte dafür dankbar zu sein.

Für Sophie war es selbstverständlich, daß alle Mahlzeiten stets im Kreis der kaiserlichen Familie eingenommen wurden und das junge Paar keine Zeit für die Zweisamkeit bekam. Gerade die Natürlichkeit, die Franz Joseph an dem bayerischen Mädchen so geschätzt hatte, dieser erfrischende Gegensatz zum steifen Zeremoniell des Wiener Hofes, versuchte Sophie ihrer Schwiegertochter systematisch auszutreiben. Es interessierte sie nicht, was die wenig selbstbewußte und heimwehkranke Sisi fühlte - Hauptsache, sie repräsentierte das Kaisertum in der Öffentlichkeit untadelig. „Das schickt sich nicht für eine Kaiserin“, lautete Sophies vernichtendes Standardurteil über Sisis spontane und manchmal auch trotzige Reaktionen.

Trautes Heim, Unglück zu dritt (Franz Josephs Vater, Erzherzog Franz Carl, spielte in dieser Familie nur eine Nebenrolle). Es gab keine Intimitäten oder Geheimnisse zwischen dem jungen Paar, die Sophie verborgen geblieben wären. Brav und pflichtbewußt erstattete der Sohn seiner Mutter Bericht über die Hochzeitsnacht und den Vollzug der Ehe in der dritten Nacht. Während der Flitterwochen auf Schloß Laxenburg arbeitete er in Wien, und Sophie schaute täglich bei der jungen Braut vorbei, um ihr „Gesellschaft zu leisten“. Oder sie auszuspionieren?

Die unglücklich verheiratete, verblühte Schönheit Sophie kostete ihre Macht über ihre Söhne und den schwachen Ehemann aus, dem sie den Verzicht auf sein Thronrecht zugunsten des gemeinsamen Sohnes Franz Joseph nahegelegt hatte. Sie neidete der jungen, in ihren Augen ziemlich naiven Sisi die Jugend, die Schönheit und die Liebe, die ihr Franz Joseph entgegenbrachte. Allzu gerne hätte Sophie wohl die Stelle der Schwiegertochter eingenommen. Das zeigte sich besonders deutlich, als Sisi Mutter wurde. Die Erzherzogin entzog ihr ohne große Debatte die Kinder und verhielt sich ihnen gegenüber eher wie eine Mutter als wie eine Großmutter.

Fern vom Schlafzimmer der jungen Eltern richtete Sophie in ihrem Gebäudeflügel das Kinderzimmer für das erstgeborene Töchterchen ein, das nach ihr benannt wurde. Damit demonstrierte sie der Schwiegertochter, daß sie sich für die „bessere Mutter“ hielt. Wenn Sisi Klein-Sophie oder die später geborenen Kinder Gisela und Rudolf sehen wollte, war die Erzherzogin immer dabei. Sisi mußte sich bei ihren Kindern wie ein Gast fühlen, nicht wie eine Mutter.

Über diese Bevormundung hat sich die junge Frau bestimmt bei ihrem Mann beschwert. Franz Joseph aber hielt sich diplomatisch heraus aus

Wer ist hier die Mutter? Schwiegermutter Sopie hat den Arm besitzergreifend um Enkeltochter Gisela gelegt. Die Mutter, Kaiserin Sisi, blickt auf ihren Mann Franz-Josef, an dessen Hosenbein sich die älteste Tochter Sophie festhält.

dem Gezerre um die Kinder. Es muß Sisi auch schwer gekränkt haben, daß er stets zu seiner Mutter lief, wenn er politischen Rat brauchte, und daß er seiner Frau wenig politische Kompetenz zutraute.

Die junge Kaiserin rächte sich auf ihre Weise. Sie flüchtete in Krankheiten und Auslandsaufenthalte, lebte ihr eigenes Leben und ließ ihre Familie oft alleine. In späteren Gesprächen mit ihrer Hofdame und ihrer jüngsten Tochter Marie Valerie, die sie endlich nach ihren eigenen Vorstellungen erziehen konnte, charakterisierte sie die Schwiegermutter als „bösartige Frau": „Ich hatte Angst vor dem Augenblick, da Erzherzogin Sophie kam. Denn sie kam jeden Tag und zu jeder Stunde, um zu spionieren, was ich tue.

Alles war schlecht, was ich tat. Sie urteilte abfällig über Jeden, den ich liebte. Alles hat sie herausbekommen, weil sie ständig gespitzelt hat. Das ganze Haus hat sie so gefürchtet, daß alle zitterten."

Erst elf Jahre nach der Hochzeit, nach Depressionen, undefinierbaren Krankheiten und Hungerkuren, mit denen sie sich gegen die ihr von Sophie zugedachte Repräsentationsrolle zur Wehr setzte, fand Sisi die Kraft, sich der Schwiegermutter und auch dem unter Sophies Einfluß stehenden Franz Joseph offen zu widersetzen. Als der zart besaitete Kronprinz Rudolf durch die militärische Erziehung, die seine Großmutter für ihn angeordnet hatte, seelisch schier zugrunde ging, drohte Sisi den Kaiser zu verlassen, wenn er Rudolfs strengen Lehrer nicht sofort seines Amtes enthebe. Sie selbst wolle fortan die Verantwortung für die Erziehung ihres Sohnes übernehmen. Tragisch: Rudolf verehrte und vergötterte seine Mutter, obwohl sie für ihn nur geringe Zuneigung empfand.

Der Liebeszauber zwischen Sisi und Franz Joseph war zu diesem Zeitpunkt längst verflogen. Jetzt wechselte die härter, reifer und egoistischer gewordene Kaiserin ihre Strategie. Sophie hatte ihr jahrelang vorgelebt, wie der kaiserliche Muttersohn angepackt werden mußte. „Wer ihm heftig und anspruchsvoll entgegentritt, der überrascht ihn damit so, daß er sich gewissermaßen einschüchtern läßt," hatte Sisi erkannt.

Als ihre Tochter Gisela wie sie selbst im Alter von sechzehn Jahren heiratete, blieb Sisi erstaunlich unbeteiligt und desinteressiert. Über ihr erstes Enkelkind schrieb sie distanziert: „Das Kind von Gisela ist von seltener Häßlichkeit, aber sehr lebhaft, es schaut Gisela ganz gleich." Vielleicht wollte die Fünfunddreißigjährige einfach nicht zur Kenntnis nehmen, daß sie nun auch schon Großmutter war - und Schwiegermutter.

Jahrelang mied Sisi ihre eigene Schwiegermutter Sophie, die mühsam versuchte, mit Franz Joseph und den Kindern so etwas wie ein Familienleben aufrechtzuerhalten. Aber als Sophie 1872 im Sterben lag, unterbrach Sisi ihren Meran-Aufenthalt, kehrte nach Wien zurück, wachte am Bett der Kranken und blieb bis zu deren Tod an ihrer Seite. Aus Pflichtbewußtsein, gewiß nicht aus verspäteter Zuneigung.

Daß sie ihr Schwiegermutter-Trauma nie loswurde, zeigt der Ratschlag, den sie der Schwiegermutter ihrer Lieblingstochter Marie Valerie gab: sich niemals, niemals in die Ehe der Kinder einzumischen. Daran hat sich auch Sisi selbst eisern gehalten.

Diana oder Die Lebensmittelverschwendung

Von einer der prominentesten Schwiegermütter unserer Zeit verlautet in regelmäßigen Abständen, sie sei „not amused" über die Zustände in ihrer Familie, die sie „Die Firma" zu nennen pflegt. Wegen dieser Familie hat Königin Elisabeth die Zweite von England 1992, als ihr 40. Thronjubiläum anstand, ein *annus horribilis*, ein schreckliches Jahr, erlebt. Kein böses Wort über sie wird man öffentlich von ihren beiden Ex-Schwiegertöchtern Diana und Sarah hören - aber auch kein gutes. Das sagt alles.

Gegensätzlicher können Frauen kaum sein, die durch ein Jawort am Traualtar qualverwandtschaftlich zusammengeschmiedet wurden. Da ist Queen Elisabeth II., die vermutlich reichste Frau der Welt, pflicht- und traditionsbewußt, die übermenschliche Bilderbuchkönigin mit dem Krönchen auf der ergrauten Dauerwelle. Nie wird ihr Volk sie mit Zottelhaaren, in Tränen aufgelöst, auf dem Fahrrad oder mit einem Fleck am Kleid zu sehen bekommen. Schon in jungen Jahren wurde sie sorgfältig auf ihr Amt und die Aufgabe vorbereitet, zu repräsentieren, aber nicht zu herrschen. Selbst im Urlaub achtet sie auf Etikette und bleibt eine Gefangene ihrer überkorrekten Erziehung.

Und da ist Diana, die seit Ende der achtziger Jahre bei britischen Meinungsumfragen stets den vordersten Platz als prominentestes Mitglied des englischen Königshauses einnahm. Wirkte sie kurz nach der Hochzeit (1981) mit Elisabeths Sohn Charles noch schüchtern und gehemmt, so bewunderten ihre Fans Mitte der neunziger Jahre ihren Mut, nach Jahren stillen Leidens hinter den Palastmauern die Image-Fassade der königlichen Familie einzureißen. Gewiß, die feine englische Art ist das nicht.

Die Schwiegertochter:
Lady Diana, Prinzessin von Wales
auf dem Weg zur Gymnastikstunde,
Chelsea (1995)

Die Schwiegermutter:
Königin Elisabeth II. von England
spricht vor dem House of Lords,
London (1995)

Während die Königin strikt das Motto „wie's drinnen aussieht, geht niemanden was an“ beherzigt und die Vorbildfunktion des Königshauses verinnerlicht hat, gibt Diana ihre persönlichen Schwächen preis und steigt herab vom hoheitlichen Podest. In einem BBC-Fernsehinterview gestand sie dem Journalisten Martin Bashir - und damit der Öffentlichkeit - ihre Depressionen, ihre Bulimie (Eß- und Brechsucht), ihre Selbstverletzungen, ja selbst ihr außereheliches Verhältnis mit ihrem Reitlehrer James Hewitt.

1

Eine trotzige Reaktion auf die jahrelange Untreue ihres Ehemannes Charles und sein Verhältnis mit Jugendfreundin Camilla Parker Bowles.

Von Königin Elisabeth ist bekannt, daß sie ihre - inzwischen geschiedene - Schwiegertochter Diana noch nie so recht leiden konnte. Vermutlich hat sie in ihr zunächst nur die Tochter eines Lakaien gesehen, denn Dianas Vater Edward John Earl of Spencer war bis 1954 mehrere Jahre Stallmeister der königlichen Familie gewesen und hatte der Queen in dieser Funktion auf ihrer Commonwealth-Tour 1953/54 gedient. Elisabeth war zweifellos „not amused" darüber, daß die Tochter des Stallmeisters bei ihrem Volk populärer wurde als sie selbst und Thronfolger Charles. Sie hatte also mehrfachen Grund zur Eifersucht.

Diana war acht Jahre alt, als sich ihre Eltern scheiden ließen und kurz darauf andere Partner heirateten. Ihre Jugendjahre verbrachte sie in Internaten, die Nestwärme einer harmonischen Familie hat sie wohl nie kennengelernt. Nach ihrer Hochzeit mit dem Kronprinzen kam sie sich im Buckingham-Palast wie in einem „goldenen Käfig" vor, in dem das Zeremoniell die Gefühle erstickte. Sie versuchte trotzdem, neben den Repräsentationspflichten ihren privaten Interessen nachzugehen, machte keinen Hehl aus ihrer Liebe zur Popmusik.

Gravierendes ist innerhalb der „Firma" schiefgelaufen. Es klingt schon grotesk: Die Queen lädt jährlich zu etwa 30 Staatsbanketten ein, zu opulenten Mahlzeiten mit erlesensten Speisen und Getränken. Ihre Schwiegertochter zog sich jahrelang nach jeder Mahlzeit auf die Toilette zurück, um das Gegessene wieder zu erbrechen. Das war ein selbstzerstörerischer Protest gegen ihre Lebenssituation - auch gegen die Schwiegermutter, die Abneigung mit kühler Höflichkeit zu tarnen pflegt, und die Zwänge des Protokolls.

Die Reaktionen der königlichen Familie auf Dianas schockierende Krankheit waren ziemlich zurückhaltend: Man habe sich „Sorgen gemacht", wollte sich aber nicht einmischen. „Charles und ich hatten unsere Pflicht zu erfüllen, das war das Wichtigste in unserem Leben", sagte die Prinzessin von Wales im Fernsehinterview. Ihre Eß- und Brechsucht - „eine Krankheit, die man sich selbst zufügt, wenn man sich wertlos fühlt" - sei im Buckingham Palast lediglich mit dem Wort „Lebensmittelverschwendung" kommentiert worden. Ob es die Queen war, die dieses kalte Urteil fällte?

Die Monarchin hat als Schwiegermutter und mitfühlende Frau versagt. „Ich habe um Hilfe gerufen, aber ich habe die falschen Signale gegeben", erklärte Diana mit einer Offenheit, welche die aus einer anderen Zeit und anderen Generation stammende Queen für „shocking" halten mußte. Zwei Frauen, zwei Welten. Keine Verbindung.

Anna oder Die Frau mit der Schlangenzunge

Ein abschätzender Blick aus grauen Augen. Im Zeitlupentempo senken sich die faltigen Lider. Die Zuschauer im Kino überläuft es eiskalt. So vernichtend möchte niemand von Kopf bis Fuß taxiert werden. „Mama, das ist sie, die Anna", sagt der sichtlich verliebte Albert arglos und kann sich gar nicht vorstellen, daß jemand sein Entzücken über das hübsche, bezopfte Geschöpf an seiner Seite nicht teilen könnte.

Erwartungsvoll lächelt das Mädchen die grämliche Frau in Schwarz an, hofft sie doch in ihr eine zweite Mutter zu finden - einen Ersatz für ihre eigene allzu früh gestorbene Mama, mit deren Tod ihre Kindheit jäh endete. Anna mußte von einem Tag auf den anderen, ungeachtet ihrer Jugend, die Pflichten und Aufgaben als „Ersatzmutter" von acht Geschwistern und zugleich als Haus- und Stallmagd übernehmen, die typische „Dirndlarbeit". Doch von der künftigen Schwiegermutter darf sie kein liebes Wort erwarten. Kalter Haß schlägt der Einundzwanzigjährigen schon bei der ersten Begegnung mit der Mutter ihres Bräutigams entgegen. Und es soll noch schlimmer kommen.

In dem Film „Herbstmilch", den Joseph Vilsmaier 1989 nach den Lebenserinnerungen der niederbayerischen Bäuerin Anna Wimschneider gedreht hat, wird diese unselige Beziehung mit wenigen Worten und Szenen präzise veranschaulicht. Knapp und unsentimental, genau so wie Anna die

Lieblosigkeiten und Gehässigkeiten ihrer verwitweten Schwiegermutter in ihrem Buch über den harten Bauernalltag bis 1945 schildert.

Anna Wimschneider: „Als wir von der Trauung zurückkamen und ich das Haus betrat, stand die Schwiegermutter im Fletz (Hausflur) und sagte, auweh, das wird schon nichts Gescheites, die ist schon mit dem linken Fuß zuerst herein. Ich habe das nicht gewußt, sonst hätte ich es anders gemacht. Die Schwiegermutter wollte auch die Hochzeit verschieben, damit ich ihr den Buben nicht wegnehme".

Elf Tage nach der Hochzeit zieht Albert in den Krieg. Die Schwiegermutter besteht darauf, daß Anna ihre Schlafkammer mit ihr teilt: „Du bist noch jung, und es könnte einer zu dir kommen..." unterstellt sie der jungen Frau. Die rebelliert nicht einmal gegen die totale Überwachung. „Mir war es gleich, ich war am Abend sowieso so müde, daß ich nur schlafen wollte. Daher zog ich in ihre Kammer".

Anna arbeitet von früh bis spät, während die Schwiegermutter es als ihre einzige Aufgabe betrachtet, sie zu kontrollieren und höhnisch zu fragen, warum sie denn sonst Bäuerin geworden sei, sie habe das alles ja so gewollt. Wenn Anna vor lauter Arbeit mit Haus, Hof, Stall und der Versorgung der älteren, pflegebedürftigen Verwandten beim Wäschewaschen im Verzug ist, kommentiert die Alte sarkastisch „eine Schlampe bleibt eben überall hängen".

Anna ahnt, warum sie so schlecht behandelt wird: „Meine Schwiegermutter mochte mich nicht vor lauter Eifersucht. Du hast mir meinen Bub genommen, mußte ich immer wieder hören." Die alte Frau schnüffelt heimlich in den Liebesbriefen herum, die Albert an Anna schickt. Sie versucht bei jeder Gelegenheit, Anna bei ihrem Sohn schlechtzumachen: „Albert, ich kann dich nicht verstehen, wie du diese Frau geheiratet hast. Schau doch, wie sie geht, sie macht ja einen Buckel, und die Knie hängen ihr vor, du hättest doch eine Bauerstochter bekommen können", stichelt sie. Die Autorin Anna rächt sich in ihrem Buch für die Bosheiten mit einem einzigen Satz, einer Kurzbeschreibung dieser Meisterin der Grausamkeiten: „Sie hatte ein Nervenleiden und ihre Zunge zuckte immer aus dem Mund, wie bei einer Schlange.“ So bleibt die Böse dem Leser im Gedächtnis: als Frau mit der Schlangenzunge.

Als Anna ein Kind erwartet, wird sie von der Schwiegermutter aufs übelste beschimpft. „Du solltest verrecken müssen bei der Entbindung, denn du hast mir meinen Buben genommen.“ Großmütterliche Gefühle stellen sich bei der (im Buch und im Film namenlos bleibenden) Schwiegermutter auch nach der Geburt der Enkeltochter nicht ein. Das Kind wird von den älteren Verwandten Alberts versorgt und von seiner unermüdlich rackern-

Anna Wimschneider bei der Verleihung der Bundesfilmpreise in Berlin 1989. Von links: Dana Vavrova, Darstellerin der Anna in „Herbstmilch", Schauspieler Heinz Bennent, Schwiegermutteropfer Anna Wimschneider, Regisseur Joseph Vilsmeier und Moderatorin Desirée Nosbuch.

den Mutter bewußt ferngehalten, damit es nicht sehnsüchtig nach ihr schreit. Als es ins Krabbelalter kommt, binden es die alten Leute tagsüber mit einem Strick um den Bauch am Tischbein fest. Es soll ihnen nicht entwischen. Anna tut das in der Seele weh, aber sie weiß keine andere Lösung.

Albert schickt ganz plötzlich keine Briefe mehr von der Front. Der beunruhigten Ehefrau droht die Schwiegermutter, sie werde sie aus dem Haus werfen, wenn Albert etwas zugestoßen sein sollte. „Es wäre ihr lieber gewesen, wenn er gefallen wäre, damit auch ich ihn nicht mehr habe", vermutet Anna.

Nach dem Krieg zieht Alberts Mutter zwar in die Stadt, doch sie hört nicht auf, bei jedem Besuch über ihre Schwiegertochter herzuziehen. Albert wird zufällig Ohrenzeuge ihrer Hetze und stellt die Lügnerin zur Rede: „Auf der Stelle packst du deine Sachen, und ich bringe dich zum Zug, du gehst zurück in deine Stadtwohnung, du sollst uns zwei nicht auseinanderbringen! Sie schrie, mein eigener Bub wirft mich aus dem Haus!" Von da an, schreibt die Wimschneiderin befriedigt, war endlich Friede im Haus.

Anna, Albert und seine Mutter - ein klassisches Beziehungsdreieck wird in „Herbstmilch" vorgeführt. Zwei Frauen lieben einen Mann, der für beide ihr ein und alles ist. Die Ältere will nicht wahrhaben, daß sie nunmehr in seinem Herzen und im Haus nur noch den zweiten Platz einnimmt. Ihr weiteres Schicksal als entthronte Königin sieht sie täglich in Gestalt der drei pflegebedürftigen, halbdebilen Verwandten vor sich, die auf dem Hof mitversorgt werden müssen: Endstation Altenteil.

Die Witwe hegt die verzweifelte Hoffnung, daß sich die alte Zweisamkeit mit dem Sohn schon wieder einstellen wird, wenn die unerwünschte Dritte nur erst erfolgreich vergrault ist. So sorgt sie dafür, daß Anna vor lauter Plackerei fast zum seelischen und körperlichen Wrack wird. Nie hört die junge Frau ein Lob aus dem Munde ihre Schwiegermutter, immer nur Vorwürfe. Albert durchschaut die Strategie seiner Mutter zunächst nicht, steht aber immer auf der Seite seiner Frau. Er rettet seine Ehe, weil er der alten Frau klipp und klar die Meinung sagt und der Auseinandersetzung mit ihr nicht ausweicht.

1

Diesen Schwiegermutter-Alptraum erlebte die 1919 geborene Anna Wimschneider, eine in TV-Talkshows klug und warmherzig wirkende Frau, in jungen Jahren während des Zweiten Weltkriegs, doch er mutet heute wie eine Erfindung des Schock-Roman-Autors Stephen King an. Es hat sich zum Glück viel geändert.

Du und die Mama, ihr werdet euch prima verstehen

2

Thron oder Kaktus?

Wer Mutterwitz hat, gilt als angenehmer, heiterer Zeitgenosse. Wer einen Schwiegermutterwitz weiß, hat die hämischen Lacher auf seiner Seite. Mütter sind Heilige - Schwiegermütter Scheinheilige. Mütter sonnen sich am Muttertag auf dem Thron der kindlichen Verehrung, Schwiegermütter werden auf den Igelkaktus mit dem lateinischen Namen *Echinocactus grusonii* gewünscht. Diese Pflanze, die in keinem größeren biologischen

Der Igelkaktus (echinocactus grusonii), im Volksmund „Schwiegermuttersessel"

Garten fehlen darf, hat eine dichte, kräftige Bedornung und ist international als „Schwiegermutterstuhl“, „-sessel“ oder „-kissen“ bekannt.

Jeder schmunzelt, wenn er diesen Namen auf dem Schild neben dem Goldkugelkaktus liest. Weitere Erklärungen sind überflüssig, die Phantasie malt den Rest in bunten Farben aus. Mancher mag sich mit grimmiger Freude vorstellen, einmal die eigene „Schwiemu“ dieser biologischen Folter auszusetzen. Ständige Rücksichtnahme, die Ohnmacht des zähneknirschenden Schweigens um des Familienfriedens willen, weckt den Marquis de Sade in den gutmütigsten Menschen.

Ist es nicht sonderbar, daß die zwei Silben „schwieger“ den Unterschied zwischen Göttin und Teufelin ausmachen, zwischen gut und böse? Warum wird eine Mutter nach der Eheschließung ihrer Kinder für die angeheirateten Partnerinnen und Partner zur schwierigen Mutter? Oder ist das nur ein - seit Jahrhunderten gepflegtes und blind weitergegebenes - Vorurteil?

Eine Schwiegermutter wird stets aus dem - unvorteilhaften - Blickwinkel des Schwiegerkindes beurteilt. Während Kinder, auch als Erwachsene, befangen bei der Beurteilung ihrer Eltern sind, loyal zu ihnen stehen möchten und dazu neigen, ihre Schwächen zu verharmlosen und unangenehme Eindrücke zu verdrängen, kennen Schwiegerkinder diese „Beißhemmung“ nicht und nehmen anfangs überdeutlich die negativen Seiten ihrer neuen Verwandtschaft wahr. Aber die Erfahrung lehrt, daß Schwiegermütter nie so gemein sind, wie es die Familienneulinge nach den ersten Krächen manchmal unterstellen. Viele ihrer Reaktionen sind mit einigem guten Willen erklär- und nachvollziehbar, nur ganz wenige krankhaft.

Von den Extremfällen soll hier nur kurz die Rede sein. Zu diesen krassen Ausnahmen dürfte die von dem Psychologen Reinhard Kreische geschilderte Schwiegermutter gehören, die - als „Engelmacherin“ des Dorfes bekannt - assistiert von ihrem Sohn, mit der Stricknadel bei ihrer Schwiegertochter ihre eigenen Enkel abtrieb. Die unerwünschten Schwangerschaften bedeuteten Unordnung, und die wurde in dieser Familie der Ordnungsfanatiker nicht geduldet.

Ebenso brutal muten die Schwiegertochtermorde in den ländlichen Gebieten Indiens an, wo die Frau als des Mannes Eigentum gilt und bei einer Eheschließung eine möglichst hohe Mitgift mitbringen muß. Tückische Schwiegermütter machen es sich zunutze, daß die modernen Saris aus Kunstfasern und daher leicht entflammbar sind. Mittels Kerosin und offener Flamme öffnen sie ihren geliebten Söhnen den Weg in die nächste Heirat und zur nächsten Mitgift: Sie zünden die Saris ihrer Schwiegertöchter an und geben deren grausame Feuertode offiziell als Küchenunfälle aus. Der Wahnsinn hat Methode: Über 10.000 Frauen werden auf diese Weise jährlich in Indien umgebracht. Einige überleben mit schweren Hautverbrennungen, für immer entstellt.

Doch zurück zur ohnehin schon komplizierten europäischen Normalität. Die von außen in die Familie eindringenden Fremden - Schwiegertochter und Schwiegersohn - sorgen bei ihrem Erscheinen für mehr Angst und Bedrohung, als ihnen in ihrer Ahnungslosigkeit bewußt ist. Sie sind frisch verliebt und mit sich und dem Partner oder der Partnerin beschäftigt, was scheren sie da die Gefühle der älteren Generation?

Mütter sind nun einmal konservativ und neigen dazu, das zusammenzuhalten, was bisher zusammengehörte. Der fremden Person begegnen sie mit mehr oder weniger verdecktem Argwohn. Die Einladung zum Sonntagsessen dient dem vorsichtigen Abchecken: Paßt er oder sie zu uns? Wird mir mein Platz im Haus und im Herzen meiner Lieben streitig gemacht? Das Spektrum (schwieger)mütterlicher Möglichkeiten zum Erhalt von Macht, Liebe und Unentbehrlichkeit ist breit gefächert. Kluge Schwiegertöchter können daraus ihren Nutzen ziehen, wenn sie die Signale richtig zu deuten verstehen. Sie sollten den Schwiegermüttern weiterhin ein paar Aufgaben lassen und ihre Tüchtigkeit loben, aber ihnen auch zeigen, wo ihr Herrschaftsbereich endet. Das ist das beste Rezept für eine erfolgreiche Entspannungspolitik.

Sieben Schwiegermutter-Typen

2

Welchen dieser sieben Schwiegermutter-Typen haben Sie als Zugabe zum Hauptgewinn Ehemann/Ehefrau bekommen? Die Skala reicht vom Schwiegertiger bis zur Schwiegerfreundin. Manche Typen fordern zum offenen Kampf heraus. Ihre Waffe ist das verletzende Wort. Andere sind Meisterinnen der hinterhältigen Überfälle. Ihre Waffen heißen: Weinen und Schweigen. Zwei aus dieser Typologie aber wollen nur eins sein: gute Schwiegermütter.

- *Die Tüchtige* weiß und macht alles besser. Sie putzt mal schnell die Wohnung durch und kann überhaupt nicht verstehen, warum ihre Schwiegertochter mit Mann, Kind, Haushalt und Beruf nicht klarkommt. Stets hält sie ihr das eigene mustergültige Lebensbeispiel vor Augen: „Kindchen, ich war Kriegerwitwe, hab' unter schwierigsten Verhältnissen meine drei Kinder großgezogen und mich nie so hängen lassen wie du." Spielend findet die Tüchtige die Schwachstellen ihrer wenig selbstbewußten Schwiegertochter heraus und hackt kräftig darauf herum.
- *Die Überbesorgte* kann nicht ertragen, daß ihr Sohn plötzlich selbständig wird und ihrer Führung entgleitet. Sie demonstriert ihrer Schwiegertochter mit *seinem* Lieblingsgericht und *seinem* Lieblingskuchen, daß diese mit dem fragilen Wesen Ehemann viel zu brutal und herzlos umgeht.
  Wann hat er das letzte Mal was Warmes zwischen die Rippen gekriegt? Vorgestern? Aha. Deshalb sieht er so blaß und schmal aus. Oh, seine Hemden sind knittrig, hoffentlich kriegt er in seiner Firma keinen Ärger in dieser schlampigen Aufmachung. Ach, wie er sich abrackert, der Gute, wie müde er aussieht! Eine Mutter sieht das sofort, nur seine oberflächliche, mit sich selbst beschäftigte Ehefrau nicht. Sie sollte sich mehr um sein Wohlergehen kümmern und besser mal ein Kochbuch in die Hand nehmen, statt nutzlose Bilder zu malen, Tai Chi zu lernen oder mit Freundinnen im Café zu klönen. Der arme Junge hätte eine bessere Frau verdient.

2

- *Die Tyrannin* muß keineswegs von kräftiger Gestalt sein. Sie kränkelt oft und ist eine Meisterin der leisen Klagelaute und des Selbstmitleids. Erstaunlich, daß sie immer dann ihren „Herzkasper" kriegt, wenn Sohn oder Tochter gerade eine längere Reise antreten wollen. Ihre Lieblingssätze sind: Niemand besucht mich. Womit habe ich das verdient? Ich könnte sterben und keiner von euch würde es merken. Mit eurer Lieblosigkeit sorgt ihr noch dafür, daß ich früher unter die Erde komme. Dabei habe ich so viel für euch getan und mir so viel für euch vom Munde abgespart. Vielleicht enterbe ich euch, wenn ihr mich so vernachlässigt.
  Häufig ersetzt die Tyrannin die Nabelschnur zum Kind durch das Telefonkabel: Der regelmäßige Anruf wird zum Ritual. Sie hat alle im Griff, macht allen ein schlechtes Gewissen und bringt das Kunststück fertig, dabei noch für schwach gehalten zu werden.
- *Die Intrigantin* schwärzt Schwiegersohn oder -tochter überall an, bei Nachbarn, Verwandten, ja sogar beim Kinderschutzbund, Jugendamt oder der Polizei. Alle sollen mitkriegen, was das Schwiegerkind für ein schlechter Mensch ist, mit Schimpf und Schande soll es aus dem Familienverband vertrieben werden, damit die Intrigantin wieder die Alleinherrschaft hat. Die Zeichen stehen auf Krieg bis zum Auszug der Gehaßten, bis zur Scheidung der jungen Eheleute. Ein Recht auf Privatleben räumt die Intrigantin dem Familienfeind nicht ein. Sie schnüffelt in der Post herum, belauscht Telefongespräche und belohnt die Enkelkinder für Spitzeldienste mit Geld und Süßigkeiten.
- *Die Unerreichbare* möchte ja so gerne die Tauffeier vorbereiten, das Enkelkind regelmäßig an einem festen Tag in der Woche zu sich nehmen, Kuchen fürs Familienfest am Wochenende backen, aber....ihr Terminkalender läßt es leider nicht zu. Beim kommenden Tennisturnier will sie ihren guten vorderen Platz vom letzten Jahr verteidigen, danach ist die Hamburgfahrt zum Musical „Cats" fällig. Wenn sie wieder da ist, beginnt der neue Volkshochschulkurs „Italienisch für Fortgeschrittene". Danach? Oh Gott, dann wird doch die Emma,

ihre beste Freundin, fünfundsechzig. Die Nachbarn haben sie schon fürs nächste Straßenfest eingeplant, sie soll dazu wieder mal ihren berühmten Kartoffelsalat beisteuern und beim Grillwürstchen-Stand die Oberaufsicht führen. Und wenn sie endlich, endlich auch noch den Kirchenbasar zugunsten von „Brot für die Welt“ glücklich hinter sich gebracht hat, beginnt ja schon ihre Herbstkur in Badenweiler. Wirklich schade, sie hätte ihre Schwiegertochter so gern entlastet...(sagt sie).

- *Die Hilfsbereite* weiß, was Schwiegertöchter brauchen: Unterstützung, aber keine Einmischung. Sie achtet die unsichtbaren Grenzen, die Sohn und Schwiegertochter zum Schutz ihrer jungen, noch unsicheren Partnerschaft um sich aufbauen, drängt sich nicht auf, ist aber erreichbar, wenn eine helfende Hand, ein Babysitter, ein kluger Rat oder ein Darlehen gebraucht wird. Die junge, noch unerfahrene Hausfrau und Mutter wird von der Hilfsbereiten diskret mit allen Informationen versorgt, die sie für die Haushaltsführung („Wie putzt man ein Klo?“ „Was hilft gegen Mehlmotten?“) oder Kindererziehung braucht. Dabei unterläßt es die Feinfühlige, der Schwiegertochter ihre Überlegenheit zu demonstrieren.
- *Die Kameradin* geht mit ihrer Schwiegertochter durch dick und dünn, nimmt sie sogar gegen den eigenen Sohn in Schutz. Vielleicht, weil sie sich immer eine Tochter wie sie wünschte. Oder weil sie sich in ihr, um Jahrzehnte verjüngt, wiedererkennt und sich gut ausmalen kann, was aus ihr geworden wäre, wenn sie ähnliche Chancen gehabt hätte. Sie ermöglicht es der Schwiegertochter, die schwierige Balance beim Seiltanzakt „Familie und Beruf“ zu halten und kümmert sich, damit diese ruhigen Gewissens ihrer Erwerbsarbeit nachgehen kann, mit hundertprozentigem Einsatz um die Enkelkinder. Die Kameradin guckt sich von der Jüngeren manches ab und wird dadurch auch jünger: Sie modernisiert ihre Ansichten, ihre Aufmachung und die Einrichtung der Wohnung. Auch - nicht immer zur Freude ihres Ehemannes - ihre Auffassung von Partnerschaft und Aufgabenverteilung innerhalb der Ehe. Für die Kameradin ist eine Schwiegertoch-

ter, die mit vielen Lebenssituationen lockerer und souveräner umgeht als sie selbst, eine sprudelnde Quelle der Anregungen: „So habe ich das noch nie gesehen. Aber du hast recht, das könnte ich eigentlich auch mal ausprobieren..."

Der Kampf um den Mann

Mit der saloppen Einstellung „du und die Mama, ihr werdet euch prima verstehen" ignorieren viele Söhne den offenen oder geheimen Machtkampf um ihre Person, der zwischen ihren Frauen und ihren Müttern ausgetragen wird. Augen zu und durch. Manchen schmeichelt es sicherlich auch, plötzlich im Mittelpunkt zu stehen. Sie genießen die Liebe und Fürsorge, die von beiden Seiten kommt, und machen sich wenig Gedanken darüber, wie sich ihre Frauen und Mütter dabei fühlen.

Jede Schwiegertochter versetzt ihre Schwiegermutter in die Lage von Schneewittchens Stiefmutter: Sie hält ihr einen Spiegel vor, zwingt sie zum Vergleich ihrer Attraktivität, ihrer Fähigkeiten und zu einer Lebenszwischenbilanz. Das zweite Lebensalter, die fruchtbaren Jahre der Mutterschaft, sind vorbei, lautet die Botschaft des Spiegels an die Ältere. Störrisch betrachtet sich die eine Schwiegermutter weiterhin als „Schönste im Lande" und meldet sich zum nächsten Besuch auf der Schönheitsfarm an. Die andere erkennt sich in der jüngeren Frau wieder. Ihre Wünsche und Sehnsüchte sind ihr vertraut, weil es ihre eigenen waren, doch hat sie sie damals, in den schlechten Zeiten, nicht verwirklichen können. Sie ist jedoch auf die besseren Chancen, das bequemere Leben ihrer Schwiegertochter nicht eifersüchtig, sondern bestärkt sie souverän darin, ihre Ziele weiterzuverfolgen.

In unserer Zeit des schnellen Wandels wird das traditionelle Frauenbild von der anspruchslosen Familiendienerin, das noch viele Schwiegermütter vertreten, vom modernen, emanzipatorischen Frauenbild abgelöst. Auch das kann zu Konflikten zwischen den Frauen führen. Manche Schwieger-

2

mütter wollen sich das von ihren Müttern übernommene Prinzip „Die Familie geht über alles“ nicht nehmen lassen. Sie versuchen, auch ihre Schwiegertöchter davon zu überzeugen und können oft nicht begreifen, daß viele junge Frauen heute andere Lebensziele haben.

„Dieses Thema sprechen wir nicht mehr an“, sagt Tine, die Berufskarriere machen und keine Kinder haben will. „Wir kriegen sonst regelmäßig Krach“. Ihre Schwiegermutter Verena, leicht depressiv, Ehefrau eines umtriebigen Berufspolitikers, patente Hausfrau und Mutter von drei erwachsenen Söhnen, will ihr bei jedem Besuch die Mutterrolle schmackhaft machen und ist frustriert, wenn Tine ihr von ihrem Berufsalltag vorschwärmt. Da kann Verena nicht mitreden, das liegt jenseits ihres Vorstellungsvermögens.

Andere Schwiegermütter wechseln nach stürmischen Debatten über die Rolle der Frau in der heutigen Gesellschaft zwar nicht gerade in Alice

Schwarzers Emma-Lager über, wagen aber, vom Vorbild ihrer Schwiegertöchter mitgerissen, eingefahrene Gleise zu verlassen. Erstmals, vielleicht mit etwas schlechtem Gewissen, reisen sie ohne Ehemann in den Urlaub und genießen es, den vertrauten Ferienort mit einer Freundin neu zu entdecken.

Ob emanzipiert oder nicht, für jede Mutter ist es schmerzlich, miterleben zu müssen, wie die altvertraute Einheit, deren Werden und Wachsen das Familienalbum in schönen Farbaufnahmen dokumentiert, sich allmählich auflöst. Sobald Sohn oder Tochter neue Familien gegründet haben, bewegen sich die Mütter, Hüterinnen der Familientradition, auf unsicherem Gelände, die keineswegs verblaßten Bilder der Vergangenheit als Kompaß im Kopf.

Doch der Sohn, der jetzt ein Ehemann ist, ähnelt nicht mehr dem süßen Knuddelbaby oder dem tapsigen Dreikäsehoch, der seiner heißgeliebten Mama nicht von der Seite weichen wollte (oh, wie hat sie das damals genervt!). Er ist nicht mehr der kleine Junge, der heulend und trostsuchend mit blutenden Wunden vom Fußballtraining heimkam, nicht mehr der schlaksige Abiturient mit den rührenden Bartstoppeln oder der reisedurstige Student, den Hunger und Schmutzwäscheberge zuverlässig in die allzeit offenen Arme der Mutter zurücktrieben.

Und die Tochter, die zu Muttertag so rührende Bilder zu malen pflegte („Mama ist die Beste“ in Blümchenschrift), die als kleines Mädchen in die Kleider und Pumps der Mutter schlüpfte und so werden wollte wie sie, die manchmal Mutters engste Vertraute war, ihr die strenge Hochsteckfrisur aus- und den flotten Bubikopf einredete, die ihr großzügig mit eigenen Blusen und Schminktips aushalf, die bockte, zickig war und die Ordnung mindestens so haßte wie Papas Schlager von Roy Black, aber mit ihren Launen und ihrer Clique stets Leben in die Bude brachte - sie gehört nun einem anderen. Das zu akzeptieren, ist nicht leicht.

Den Ehemann sucht frau sich aus, die Schwiegermutter nicht. „Schade“, bedauert die Lehrerin Brigitte. „Mein zweiter Mann ist mir lieber als der erste, aber die erste Schwiegermutter ist mir lieber als die zweite. Ich hätte sie gern behalten, zumindest in dieser Beziehung habe ich den schlechteren Tausch gemacht."

Schwiegermütter sind „Zwangsverwandte" - sie können trotzdem gute Verwandte sein. In der Bundesrepublik mit derzeit rund 81 Millionen Einwohnern gibt es rein rechnerisch 39 Millionen Schwiegermutterbeziehungen, denn fast jede(r) zweite Deutsche ist verheiratet. Das heißt freilich nicht, daß es 39 Millionen Schwiegermütter gibt, denn nicht alle sind noch am Leben, und manche sind ja auch mehrfache Schwiegermütter.

„Die Schwieger liebt nie die Schnur"

„Ich kenne fast nur Mütter, die in ihre Söhne verliebt sind", klagt die Marketingexpertin Gisela. Sie kennzeichnet damit die Ursache vieler Spannungen. „Die Schwieger liebt nie die Schnur" (Schnur: Schwiegertochter), weiß der Volksmund. Als „Schwieger-Tiger" und „Schwiegermutter, Tigermutter" wird die Sohnesmutter bezeichnet oder - des Reimes wegen - als „Teufels Unterfutter". Zu den alten, überlieferten Spruchweisheiten gehört auch der Rat „Eine Schwieger und Sohns Frau sollte man nicht zusammen malen". Vermutlich würden sie auf dem Bild ziemlich grimmig und verkrampft aussehen. Im Wörterbuch der Brüder Grimm findet sich die Spruchweisheit: „Das alt Sprichwort sagt: Jüdn und Christen, hund und katzen auff einer misten, zum dritten auch Schwiger und Schnur von Hertzen nie recht eines wur."

Während die charmanten Franzosen ihre Schwiegermutter die „schöne Mutter" *(belle mère)* nennen und die sachlichen Engländer und Amerikaner die juristische Verwandtschaft hervorheben (Mutter nach dem Gesetz, *mother-in-law*), ist der Ursprung von „schwieger" *(swiger, swigar)* unklarer und geht auf das Althochdeutsche und Gotische zurück. Es bedeutet „zugehörig sein". Mit der „Trauung" (*traditio*, die Übergabe) wechselte die junge Frau die Familie. Sie legte ihren Namen ab, nahm den ihres Mannes an und war von nun an ihm und seiner Familie ausgeliefert. Das konnte gutgehen, wenn die Hausherrin - seine Mutter - die Schwiegertochter wie eine Tochter annahm. Das konnte aber auch zur Hölle für die junge Frau werden, wenn die Ältere in ihr eine Rivalin sah und es ausnutzte, daß der Sohnesgattin der Weg zurück ins Elternhaus versperrt war. Zunächst galt nur die Mutter des Mannes als „böse Schwiegermutter". Erst später wurde, zum Teil durch die Literatur, auch der Mutter der Frau besitzergreifende Dominanz angedichtet.

Da die wenigsten Mädchen früher eine Ausbildung hatten, war die Schwiegermutter ihre Lehrmeisterin. Sie gab ihre - von der eigenen Schwiegermutter übernommenen - Erfahrungen weiter und wälzte so manche ihrer unangenehmen Pflichtaufgaben auf die jüngere Frau ab. „Wie glücklich ist das Vögelein, es hat keine Schwiegermutter": Dieses südslawische Sprichwort läßt durchblicken, daß die „Vorgesetzte" auch vor Schikanen gegenüber der jungen Frau ihres Sohnes nicht zurückschreckte. In der *Crna Gora* (Montenegro) war es Brauch, daß die Schwiegermutter während der ersten Nächte bei dem jungen Paar schlief und die Zeit des ersten Beilagers bestimmte.

Mit ihrer Mutter hatte die verheiratete Tochter kaum noch intensiven Kontakt. Die hatte genug damit zu tun, ihre eigene Schwiegertochter in die Haushaltsführung einzuweisen. In der Rangordnung stand eine Schwiegertochter noch hinter ihren unverheiratet im Haushalt lebenden Schwägerinnen zurück. Wenn sie Pech hatte, hackten die genauso auf ihr herum und ließen sich von ihr von hinten bis vorne bedienen wie die Schwiegermutter.

In früheren Jahrhunderten standen die Frauen ihr Leben lang unter der Vormundschaft ihres Ehemannes. Er verwaltete den gesamten Besitz und das Vermögen, das die Frau in die Ehe gebracht hatte. Auch gehörte es zu seinem Gewohnheitsrecht, sie zu züchtigen. Noch 1900 verfügte das Bürgerliche Gesetzbuch: „Dem Manne steht die Entscheidung in allen das gemeinschaftliche eheliche Leben betreffenden Angelegenheiten zu; er bestimmt insbesondere Wohnort und Wohnung. Die Frau ist berechtigt und verpflichtet, das gemeinschaftliche Hauswesen zu leiten." Die Wir-

2

kungsbereiche waren also klar definiert, und wenn nun als neues Mitglied eine Schwiegertochter in den Kreis der Familie eintrat, reizte es manche Hausherrin, ihren jahrelang ertragenen Frust und ihre seelische Verkümmerung am Neuzugang abzureagieren. Die Junge sollte so schuften und leiden, wie sie es selbst in ihren jüngeren Jahren mußte. Weibliche Solidarität war da ebensowenig zu erhoffen wie bei den zündelnden indischen Schwiegermüttern. Solchen Frauen war und ist nicht bewußt, daß sie sich die Unterdrückungsmethoden der Männer zu eigen gemacht haben und sie gegen ihr eigenes Geschlecht, letztlich also gegen sich selbst, anwenden.

Aus dem Horror-Kabinett

Als Familien(zer)störerin und psychologische Problemfigur wird die Schwiegermutter von den Medien gerade wieder neu entdeckt. Ein Meinungsforschungsinstitut hat im Auftrag der Zeitschrift Focus (Mai 1993) herausgefunden, daß in den Familien am meisten über Kinder, Geld und die engsten Verwandten (Eltern, Schwiegereltern) gestritten wird. Den Anteil der Klienten, die wegen Schwierigkeiten mit Familienangehörigen in die Ehe- und Familienberatung kommen, schätzt der Leiter der Mainzer Dienststelle, Hans-Georg Folz, auf 5 bis 6 Prozent, die gute Hälfte dieser Fälle betrifft die Schwiegereltern. Bei zwölf Prozent der Scheidungen, so heißt es in einer Forsa-Studie, sind die Schwiegereltern der Trennungsgrund.

Im August 1995 erregte eine Zeitungsmeldung Aufsehen, in der von einer gerade gegründeten Schwiegertochter-Selbsthilfegruppe in Augsburg die Rede war. Schwiegertöchter zwischen 19 und 88 (!) Jahren waren am Rande des Nervenzusammenbruchs und erzählten der Initiatorin Ruth Gall von ihrer jahrelangen Knechtschaft: „Da waren Dinge dabei, die hätte nicht einmal ich mir träumen lassen,“ vertraute sie der Deutschen Presse Agentur an. Einige Frauen haben inzwischen, vom Augsburger Vorbild ermutigt, ähnliche Kontaktgruppen in anderen Städten gegründet, um einander ihr Leid zu klagen und nach Lösungen zu suchen. Hier einige Beispiele aus dem Horror-Kabinett, die freilich auch auf behandlungsbedürftige krankhafte Störungen der betroffenen Frauen schließen lassen:

- Eine Schwiegermutter drohte, ihre Enkelkinder umzubringen, weil sie glaubte, daß ihr Sohn nicht deren Vater sei.
- Eine andere schlich sich ständig heimlich in die Wohnung des Sohnes, ohne zu klingeln oder zu klopfen. Als ihr die Schwiegertochter dies verbieten wollte, drohte sie, das Haus anzuzünden.
- Eine dritte engagierte einen Mann, um ihre Schwiegertochter in den Ruf der Untreue zu bringen.

Aber meist sind es ja nicht solche Ungeheuerlichkeiten, sondern scheinbar nebensächliche Kleinigkeiten, die die Familienatmosphäre nachhaltig vergiften. „Kein Donnerwetter, nur kleine Worte mit dem Giftgehalt eines halben Mückenstiches oder aber Schweigen, Stummheit, Muffeln. Oder große Wasser", wußte schon Theodor Fontane.

Krach reinigt die Luft

Alfred Biolek widmete Ende 1995 den Rivalinnen um die Gunst des Sohne-Mannes eine Ausgabe seiner Talk-Show. Die Botschaft seiner drei auserwählten Gesprächspartnerinnen, der Schauspielerin Ruth-Maria Kubitschek, der Politikerin Regine Hildebrandt („Ich bin ein Familientier") und der Sängerin Nicole („Ein bißchen Frieden") hieß: Toleranz üben, mehr Rücksicht aufeinander nehmen, einander zuhören.

„Krach reinigt die Luft", weiß die Kubitschek, die noch am ehesten, immerhin im Beisein ihrer Schwiegertochter, ahnen ließ, daß ihr die Umstellung von Mutter auf Schwiegermutter verdammt schwergefallen ist und sie die Aussicht, Oma zu werden, mit großem Schrecken erfüllte. „Ruth hat das toll gemeistert", bestätigte ihre Schwiegertochter dem Fernsehpublikum. Eine Erkenntnis der Sendung war freilich auch, daß moderne Großmütter wie die Schauspielerin und die Politikerin gar keine lästigen, an der jüngeren Generation hängenden Schwiegermütter sein können: Sie haben ja so viele andere Termine, Verpflichtungen und Interessen.

2

Je unausgefüllter, unzufriedener und gesellschaftlich isolierter Schwiegermütter sind, um so größer ist die Wahrscheinlichkeit, daß sie ihre Befriedigung aus der intensiven Teilnahme am Familienleben ihrer Kinder schöpfen wollen.

Der neue Anfang

In der modernen Gesellschaft haben Schwiegermütter immer weniger Einflußmöglichkeiten und Aufgaben, vor allem in den Städten. Die Chancen, sich aus der Abhängigkeit der älteren Generation zu befreien, räumliche Distanz zu schaffen und auch finanziell auf eigenen Beinen zu stehen, sind für die Jüngeren relativ günstig. Kindergärten und Tagesmütter machen Omas in ihrer wichtigen Funktion als Kinderbetreuerinnen fast schon überflüssig. Das muß nun aber für die Großmütter kein Grund zur Trauer sein: Auch sie können noch einmal etwas Neues anfangen. Die Generation der heutigen Schwiegermütter muß ihr Selbstwertgefühl nicht ausschließlich aus dem Muttersein und -bleiben beziehen, zumal nach der Menopause noch ein Drittel ihres Lebens vor ihnen liegt. Jenseits der Familienphase eröffnen sich den Frauen, auch den älteren, durch Beruf, Sport, Vereine, Politik und kulturelle Freizeitgestaltung neue geistige Horizonte und Aufgaben. Die Schauspielerin Jane Tilden (75) äußerte in einem Interview: „Jeder Tag ist mir mindestens 12 Stunden zu kurz. Ich wache morgens schon mit einem großen Programm auf." Das Alter bremst ihre Lebensfreude nicht, und mutig nimmt sie neue Erfahrungen an: „Der größte Feind der Freiheit ist die Furcht."

Neben der „klassischen" Schwiegermutter, die sich, um die Leere ihres Lebens auszufüllen, in alles einmischt, was sie nichts angeht, ist die Vielbeschäftigte im Kommen, die fast immer auf Reisen oder Tagungen ist, Volkshochschulkurse besucht, im Sportstudio wacker gegen erschlaffende Muskeln ankämpft und einen eigenen Freundeskreis pflegt.

Bitteres Lachen über eine Respektsperson

3

Warum es keine Schwiegervaterwitze gibt

Für Kurt Tucholsky (1890 bis 1935) war das Wort Schwiegermutter „allemal eine Quelle unbändigen Vergnügens." Lange Zeit diente der Hausdrache, in altmodischen Gedichten auch „des Hauses Satan" genannt, als Zielscheibe gemeiner, aus männlicher Sicht erzählter Witze. Solch gallenbitterer, geschmackloser Humor wirkt auf die geballten negativen Gefühle eines Schwiegersohnes wie das Tröpfchen Spülmittel auf die Wasseroberfläche: entspannend. Im Witz löst sich der ohnmächtige Ärger über eine Unantastbare in hämischem Gelächter auf. Würde die Kritik an der Respektsperson Schwiegermutter offen geäußert, hätte das furchtbare Folgen in der Familie, könnte zum Abbruch aller Beziehungen, vielleicht gar zur Enterbung führen. Konfliktvermeidendes Witzeln und Nachgeben ist unverfänglicher:

„Und was sie hier gesagt geschah,
denn Schwiegermüttern läßt man ja
natürlich immer ihren Willen
brummt man darüber auch im Stillen."

(Aus: „Die Schwiegermutter und das Krokodil", 111 bunte Bilderbogen aus dem 19. Jahrhundert)

Die Blütezeit dieser Art Witze und Reime ist vorbei. Seitdem die ältere Generation nicht mehr den einst massiven Einfluß auf das Leben der Jungen hat, verliert die Schwiegermuttergestalt an Schrecken, und das Bild der feindlichen, störenden, überflüssigen Dauerbesucherin ist nur noch schwach präsent. Ein Krefelder Witzehändler hat 1100 Witze über „Das Leben zu zweit" auf Lager, aber nur 30 davon sind Schwiegermutterwitze

- und die Nachfrage nach ihnen ist gleich null. Sie sind so „out“ wie Hüfthalter und krause Dauerwellen.

Aber testen Sie selbst:

„Lutz“, bittet Hubert seinen Freund, „ich gebe dir 10 Mark, wenn du meine Schwiegermutter vom Bahnhof abholst.“ „Und wenn sie nicht kommt?“ „Dann kriegst du das Doppelte!“

„Ich würde ja am liebsten eine Japanerin heiraten.“ „Warum das denn?“ „Tolles Gefühl, seine Schwiegermutter in Japan zu wissen!“

„Was gibt es denn heute zu essen?“ „Menü à la Schwiegermutter“. „Was ist denn das?“ „Kalte Schulter mit scharfer Zunge.“

Lothar ist außer sich und faucht seine Schwiegermutter an: „Damit du's ja weißt - nur deinetwegen lasse ich mich von deiner Tochter scheiden!“ Verlegen schlägt Schwiegermama die Augen nieder: „...aber Junge!“

„Herzlich willkommen“, begrüßt der höfliche Schwiegersohn seine Schwiegermama. „Nett, daß du uns auch einmal besuchen kommst. Wie lange bleibst du denn?“ „Ach, nur solange, bis ich euch auf die Nerven gehe.“ Was denn, schon gleich nach dem Essen willst du wieder weg?“

Wer durchs deutschsprachige Internet surft, entdeckt die folgenden modernen Beiträge zum Thema Schwiegermutter:

Wie heißt Schwiegermutter auf chinesisch? BEISS ZANG.

Autoaufkleber: „Vorsicht, Schwiegermutter im Kofferraum“.

„Du arme Schwiegermutter, warum stehst du draußen vor der Tür im Regen? Du dauerst mich. Geh' doch lieber wieder heim.“

Allen Witzen liegt das gleiche Muster zugrunde. Es geht darum, eine unwillkommene, doch unabweisbare Besucherin schnell loszuwerden - möglichst für immer. Gefürchtet werden „ihre scharfe Zunge", ihre ständige Anwesenheit, ihre hohen Ansprüche, ihre Einmischung, ihr falsches Selbstbild (sie ist kokett, glaubt gar, noch attraktiv für den eigenen Schwiegersohn zu sein). Selbst jene Schwiegermutter, die feinfühlig erkennt, daß immer ein Zeitpunkt kommt, an dem sie Tochter und Schwiegersohn auf die Nerven fällt und daraus die Konsequenzen ziehen will, ist alles andere als „Herzlich willkommen".

Woher rührt die Aggression des Schwiegersohns gegen die Mutter der Frau? (Schwiegertöchter pflegen keine Witze über Schwiegermütter zu machen). Der Ehemann entdeckt in seiner Schwiegermutter unwillkürlich die Alterszüge seiner Frau und so manche Eigenschaft und Verhaltensweise, die ihn auch an seiner Liebsten stören. Doch wagt er nicht, dies seiner Frau offen ins Gesicht zu sagen. Um Streit zu vermeiden, bedient er sich des Mittels der indirekten Kritik, indem er die Schwiegermutter verteufelt.

Gleichzeitig ist er auch eifersüchtig auf das stille Einverständnis zwischen Mutter und Tochter und fühlt sich von den „zwei Verschwörerinnen" an den Rand gedrückt. Er spürt, wie eng das Band zwischen seiner Frau und ihrer Mutter doch noch ist. Und so setzt er witzelnd oder spottend die ältere Frau herab, um die Verbündeten zu spalten und die Aufmerksamkeit der Jüngeren zurückzugewinnen. Auf die Schwiegermutter kann er gleichzeitig seine Haßanteile lenken, die - was er nie zugeben würde - seiner eigenen Mutter gelten.

Für Simone de Beauvoir sind Schwiegermutterwitze „eine getarnte Form des Grauens vor der (eigenen) Mutter". Nur über den Umweg der Komödie oder des Witzes könne der Mann das gesamte Muttertum in der durch kein Tabu geschützten Mutter seiner Gattin verhöhnen. De Beauvoir schreibt: „Die Schwiegermutter ist das sichtbare Symbol des Verfalls, dem auch ihre Tochter geweiht ist, seitdem sie ihr das Leben gegeben hat. Ihre Korpulenz, ihre Runzeln kündigen die Korpulenz und die Runzeln an, die

3

die Jungvermählte einmal haben wird, deren Zukunft dergestalt ernüchternd vorgebildet erscheint. Neben ihrer Mutter ist sie nicht mehr ein Einzelwesen, sondern die akute Erscheinungsform einer Gattung: Sie ist nicht mehr der ersehnte Siegespreis, die geliebte Gefährtin, denn ihre Einzelexistenz löst sich jetzt im universalen Leben auf. Ihre Einzigartigkeit scheint höhnisch in Frage gestellt."

Bezeichnend ist, daß es keine Schwiegervaterwitze gibt. Zwar sind auch die Väter eifersüchtig auf die Männer ihrer Töchter und glauben im Grunde nicht, daß diese Familieneindringlinge „ihr kleines Mädchen" verdienen - aber sie sind meist realistisch genug, angenehme Kumpeleigenschaften im Schwiegersohn zu erkennen und begraben das Kriegsbeil schnell bei einem Glas Bier oder einer Fachsimpelei über Fußball.

Schwiegerväter spielen in den Witzen keine Rolle. Ihre Arena ist der Beruf, dort spielen sich ihre Siege und Niederlagen ab. Das Revier zuhause wird von ihren Frauen besetzt - und zäh verteidigt.

Böse Frauen aus dem Märchenbuch

„Eine Frau mag noch so intelligent sein, im Innersten ihres Wesens wird sie von irrationalen Kräften bestimmt", glaubte der spanische Philosoph Ortega y Gasset und entlarvte sich damit als einer der keineswegs seltenen Männer, die Frauen für rätselhafte, dunkle und gefährliche Wesen halten. Diese männlichen Urängste spiegeln sich in vielen Märchen wider.

Bei einer Untersuchung von 200 Märchen der Gebrüder Grimm fand Wolfgang Lederer heraus, daß böse Mütter oder Stiefmütter in sechzehn, böse Väter oder Stiefväter dagegen nur in drei Märchen vorkommen. Er zählte 23 Hexen, aber nur zwei böse Männer mit Zauberkräften. Dreizehn Mädchen töteten ihre Freier oder brachten sie in Gefahr, doch nur ein einziger brutaler Mann fügte seiner Braut Leid zu. Neun grausame Schwestern, aber nur einen schlechten Bruder gab es in den Geschichten.

Böse Frauen, das sind bei den Grimms zumeist Schwestern, Ehefrauen, Stiefmütter (die die Rolle von Schwiegermüttern spielen) oder Außerirdische wie „die schwarze Frau“ und nur in einem Fall ist es eine Schwiegermutter. Dieses Märchen ist nur fragmentarisch überliefert, und wie zu erwarten, wird die Hauptperson als „bitterböse“ charakterisiert: Eine alte Königin will sich die Jugend in Gestalt ihrer Enkelsöhne und ihrer Schwiegertochter buchstäblich „mit Haut und Haar“ einverleiben. Sie setzt ihre Hausmacht ein, um die „Konkurrenz“ zu vernichten. Es soll nur noch eine Königin geben: sie selbst.

3

Die Schwiegermutter

(in der Version, Sprache und Rechtschreibung der Gebrüder Grimm):

„Es war ein König und eine Königin, die hatte eine bitterböse Schwiegermutter. Einmal zog der König ins Feld, da ließ die alte Königin ihre Schwieger unten in einen dumpfigen Keller einsperren, und ihre zwei Söhnlein zu ihr. Eines Tags nun sprach sie zu sich selbst: ich hätte so Lust, das eine von den Kindern zu essen, rief ihren Koch und hieß ihn hinunter steigen, das eine Söhnlein zu nehmen, zu schlachten und zuzurichten. „Mit was für einer Brühe?“ fragte der Koch. Mit einer braunen, sprach die alte Königin.

Da ging der Koch in den Keller und sprach: „Ach, Frau Königin, die alte Frau Königin will haben, ich soll heute Abend euren einen Sohn schlachten und kochen“. Da war die junge Königin herzlich betrübt und sagte: ach, wollen wir nicht ein Schweinchen nehmen, das koche doch so, wie sie es haben will, und sprich, es wäre mein Kind gewesen.

Der Koch that so und trug das Schweinchen in brauner Brühe auf, „da wäre das Kind,“ und sie aß es auf mit großem Appetit.

Bald darauf dachte die Alte: das Kinderfleisch hat mir so zart geschmeckt, du willst das zweite auch essen, rief den Koch und hieß ihn in den Keller *gehen, und den zweiten Sohn schlachten.*

„Mit was für einer Brühe soll ich ihn kochen?“ Ei, mit einer weißen, sprach die alte Königin. Der Koch ging hinunter und sagte: ach, die alte Frau Königin hat mich geheißen, daß ich nun auch euer zweites, kleines Söhnlein schlachten und kochen soll. Die junge Königin sprach: nimm doch ein Spanferkelchen und koch es, wie sie es gern haben will.

Das that der Koch, und setzte es der Alten vor in einer weißen Brühe, und sie speiste es mit noch größerem Appetit.

Endlich dachte die Alte: nun sind die Kinder in meinem Leib, du sollst nun auch die junge Königin essen, rief den Koch und befahl ihm, die junge Königin zu kochen...“

Hier endet das Märchen, dessen weiterer Verlauf nur bruchstückhaft überliefert ist. Der Koch schlachtet eine Hirschkuh statt der jungen Königin, und diese hat ihre liebe Not damit, ihre Kinder vom Schreien abzuhalten. Sie fürchtet, ihre Schwiegermutter könnte sie hören und der ganze Schwindel auffliegen. Märchenlogisch wäre es, daß der König von dem Feldzug zurückkehrt, seine böse Mutter bestraft und mit Frau und Söhnen „glücklich bis an sein seliges Ende“ lebt.

Mehr wert als sieben Söhne

Zu den eindrucksvollsten Frauengestalten im Alten Testament gehört die Urgroßmutter des Königs David, Ruth („Freundin“), eine vorbildliche Schwiegertochter, die für ihre Schwiegermutter Naemi („die Liebliche“) „mehr wert als sieben Söhne“ war. Das „Buch Ruth“ erzählt von einer ungewöhnlichen Frauensolidarität in der von Männern geprägten jüdischen Gesellschaft vor 3000 Jahren. Aus Liebe zu Naemi verläßt Ruth nach dem Tod ihres Mannes Mahlon ihre Heimat Moab, ihren Glauben, ihre Eltern und ihr traditionelles Frauenleben, um der verwitweten Schwiegermutter in deren Heimatstadt Bethlehem in Juda zu folgen.

Die junge Moabiterin gelobt der Jüdin Naemi Treue und Gefolgschaft mit den Worten einer Braut: „Wo du hingehst, da will ich auch hingehen. Wo du bleibst, da bleibe ich auch. Dein Volk ist mein Volk, und dein Gott ist mein Gott. Wo du stirbst, da sterbe ich auch, da will ich auch begraben werden.“

Naemi hat in Moab nicht nur ihren Mann, sondern auch ihre beiden einzigen Söhne verloren. Frauen ohne männliche Familienangehörige aber haben in Juda kein gesellschaftliches Ansehen, keinen Schutz und keine Rechte. Die Witwe kann nicht einmal das kleine Feld in Bethlehem für sich beanspruchen, das ihrem verstorbenen Mann gehörte.

Die Frauen sind zu einem ärmlichen Leben verdammt. Als Ährenleserin schafft Ruth mühsam Nahrung herbei, stundenlang folgt sie, auf übersehene Feldfrüchte hoffend, den Erntehelfern. Beide Witwen müssen von dem leben, was die Schnitter auf dem Feld liegenlassen. Da fügt es der Zufall, daß Ruth ausgerechnet auf dem Acker des wohlhabenden Boas nach Getreidehalmen sucht. Der Großbauer Boas ist nicht nur ein Verwandter ihres verstorbenen Schwiegervaters und moralisch verpflichtet, sich um sie und Naemi zu kümmern, er findet bald auch Gefallen an der fremden jungen Frau aus Moab.

Das hört Naemi nicht ungern, denn sie wittert eine Möglichkeit, mit Ruths Hilfe wieder einen höheren gesellschaftlichen Rang zu erlangen. Sie rät der Schwiegertochter, ihren Sympathiebonus bei Boas auszunutzen und

3

ihre weiblichen Reize ins rechte Licht zu rücken. Ruth gehorcht. Sie badet sich, zieht ihr bestes Kleid an und wartet geduldig, bis Boas gegessen und getrunken hat und hinter einem Kornhaufen eingeschlafen ist. Leise legt sie sich zu ihm. Als er gegen Mitternacht erwacht und den warmen Körper an seiner Seite spürt, ist er zwar schockiert, aber auch geschmeichelt und gleichzeitig um Ruths guten Ruf und ihr Wohlergehen besorgt. Am Morgen beschenkt er die Ährenleserin mit sechs Maß Gerste, damit sie nicht mit leeren Händen zu ihrer Schwiegermutter zurückkommt. Naemi jubelt: Boas hat wunschgemäß „angebissen".

Der verliebte Großbauer ist nicht nur bereit, das Feld zu erwerben, das Naemis Mann Elimelech gehörte, er will auch die damit verbundene Verpflichtung eingehen, Ruth, die kinderlos gebliebene Witwe von Elimelechs Sohn Mahlon, zur Frau zu nehmen. Nach jüdischer Sitte soll er dem verstorbenen Elimelech auf diese Weise postum doch noch zu einem Erben verhelfen, damit Elimelechs Name erhalten bleibt.

Ruths und Boas' erster Sohn Obed geht in die Obhut der kinderlos gewordenen Witwe Naemi über. Sie hat also wieder einen männlichen Nachkommen, der für sie sorgen wird. Damit gewinnt die Schwiegermutter in ihrer Heimatstadt an Ansehen und Achtung, denn eine Frau allein ist nichts wert, kann sich nicht schützen und ist auf Almosen angewiesen. Obed, auf den seine leibliche Mutter Ruth verzichtet, um ihre ersten Schwiegereltern zu ehren, ist Naemis „Altersversorgung", er muß sich um sie kümmern, wenn sie gebrechlich wird. Sie nimmt das Kind zu sich und zieht es auf, als wenn es ihr leiblicher Sohn wäre.

Die Bibel schweigt sich darüber aus, was Ruth von dieser jüdischen Sitte hielt und ob sie nach dem Verzicht auf ihren Erstgeborenen noch immer die „Freundin" ihrer Schwiegermutter blieb.

Die Macht der Schwiegermütter in anderen Ländern

4

Türkei: Die *gelin* muß der Familie dienen

Auf einer türkischen Hochzeit:
Die Schwiegertochter küßt die Hand ihrer Schwiegermutter.

4

„Himmel, sie sind da!“ stöhnt Irmgard Bulut, die deutsche *gelin* (Schwiegertochter) eines einfachen anatolischen Ehepaars. Die beiden Alten wollen im Haus ihres Sohnes Ahmed in Izmir überwintern, nur zwei Monate, nur bis Jahresende. Nach türkischem Brauch haben sie Anspruch darauf, von ihren Söhnen versorgt zu werden. In jedem Winter ziehen sie zu einem anderen Sohn, damit die Last der Ausgaben sich gleichmäßig verteilt. Diesmal ist Ahmed, der Sohn mit der deutschen Schwiegertochter, an der Reihe. Er muß die Eltern aufnehmen, ob er will oder nicht - das ist eine Frage der Familienehre in einem Land mit dünnem sozialen Netz und wenigen Altenheimen, und er wird notgedrungen sogar seine Ersparnisse opfern, damit sie es in seinem Haus nicht schlechter haben als bei seinen Brüdern und Schwägerinnen. Aber für ihr seelisches und leibliches Wohlbehagen ist einzig und allein Irmgard zuständig, die *gelin*.

Diese Romanfigur läßt Barbara Yurtdaş in ihrem Buch „Wo auch ich zu Hause bin“ ihre eigenen Erfahrungen als deutsch-türkische Familienmutter aufarbeiten. Die Unterwürfigkeit, die die Rolle der *gelin* verlangt, läßt sich kaum mit dem Selbstbewußtsein einer emanzipierten deutschen Lehrerin wie Irmgard vereinbaren. Aber sie ist eben nicht nur selbstbewußt, sondern auch tolerant - und neugierig. Das hilft ihr, mit der ungewohnten Situation fertig zu werden.

Was eine *gelin* ist, erklärt Barbara Yurtdaş so: „*Gelin* (wörtlich „die kommt“, Braut, Schwiegertochter), die Fremde in der Familie. Eine Projektionsfigur, die man für alles, was im Zusammenleben nicht klappt, verantwortlich machen kann. Läßt sich widerspruchslos die Schuld aufladen, wird am Ende noch wirklich schuldig: daß die Insider der Familie sich mit ihren Problemen nicht selbst auseinandersetzen.“

In der Türkei sind die Frauen zwar theoretisch gleichberechtigt, aber in ihren Entfaltungsmöglichkeiten durch mangelnde Bildung und patriarchalische Machtstrukturen eingeschränkt, vor allem in den ländlichen Gebieten. In der Familienhierarchie nehmen die Schwiegertöchter die unteren Plätze ein: Sie müssen den Alten dienen und sich von den Schwiegermüttern herumkommandieren lassen. Verlassen sie Mann und Schwiegereltern und kehren zu ihren eigenen Eltern zurück, gilt das als unauslöschbare Schande.

Irmgard hat Glück, denn ihre Schwiegereltern sind im Grunde herzensgute Leute, die sich rührend bemühen, ihr nicht zur Last zu fallen. Das kann den beiden freilich nicht gelingen, weil sich ihre anatolischen Sitten und ihre altmodischen Vorstellungen nicht mit dem Alltag einer modernen türkischen Familie vereinbaren. Die dicke Schwiegermutter kontrolliert Irmgards Wäschevorräte, wie sie es auch bei ihren anderen Schwiegertöchtern tut, sie inspiziert alle Töpfe, läßt aus Versehen öfter die Kühlschranktür offen. Täglich geht ein Glas oder eine Tasse kaputt, verschmoren Plastiklöffel in der Pfanne. Und der Schwiegervater benutzt Irmgards Handtücher wie Toilettenpapier. Irmgard kommt vor lauter *gelin*-Arbeit nicht dazu, sich ihrer Übersetzungstätigkeit zu widmen. „Leider kann ich den Alten das Essen nicht einfach hinstellen, sondern muß ihnen aufwarten, den nächsten Gang servieren, Wasser nachschenken, weiteres Brot abschneiden, Salz, Zwiebeln holen, ach, sie haben immer Wünsche," stöhnt sie und kommt sich wie ein fleißiges Haustier vor.

Kaum haben sich die Schwiegereltern bei Ahmed und Irmgard häuslich eingerichtet, geben sich die Nachbarn zum Höflichkeitsbesuch die Klinke in die Hand. Die beiden Enkelkinder können mit den anatolischen Großeltern wenig anfangen und verziehen sich zum Spielen, auch Ehemann Ahmed verliert während des langen Hausbesuchs allmählich Geduld und Nerven. Nachdem seine Ersparnisse durch die Bewirtung der Eltern erheblich geschrumpft sind, versucht er, ihnen Sparportionen vorzusetzen. Sie protestieren.

Irmgard aber hat Mitleid und fügt sich seufzend ins Unabänderliche: „Meine Schwiegermutter ermahnte mich ständig, den Gästen Tee nachzuschenken (obwohl Ruthi längst dreimal abgelehnt hatte), das Tischchen näher heranzuschieben (das Haluk gerade weggeschoben hatte) und Holz nachzulegen. Ich spielte die gehorsame *gelin*, dennoch konnte ich nicht umhin, mich ein bißchen zu ärgern." Lohn der Arbeit: Die Schwiegermutter gibt Irmgard zu verstehen, daß sie sich gut bei ihr aufgehoben fühlt und

4

stellt sogar Gemeinsamkeiten fest: „Wir denken in vielem gleich. Wir passen zueinander."

Diese Annäherung zwischen *gelin* und *anne* (Mutter) ist keineswegs die Regel. Denn vielen türkischen Schwiegertöchtern ist über die formale Pflichterfüllung hinaus nicht an einer herzlichen und ehrlichen Beziehung gelegen, hat die Autorin Barbara Yurtdaş beobachtet. Eine *gelin* beschränkt sich normalerweise nur auf das Nötigste: Die Schwiegereltern werden korrekt, aber nicht besonders freundlich behandelt.

Ein halbes Jahr nach der Ankunft reisen die alten Leutchen ab. Irmgard, die beide ins Herz geschlossen hat, ist erleichtert, daß der Besuch zu Ende geht, der nur zwei Monate dauern sollte und schüttet dem abfahrenden Wagen einen Eimer Wasser hinterher. Möge die Reise problemlos verlaufen.

Iran: Kinder, Küche, Koran

Zwei iranische Sprichwörter kennzeichnen die Stellung von Schwiegermutter und Schwiegertochter in den ländlichen Gebieten des streng-islamischen Landes (in den Städten geht es liberaler zu):

„Die Frau kann man wechseln, die Mutter nicht." Jede Braut weiß, daß sie sich der Schwiegermutter unterordnen muß, weil sich ihr Mann im Zweifelsfall immer auf die Seite seiner Mutter stellen wird. Zu ihren eigenen Eltern kann eine unglücklich verheiratete Schwiegertochter nicht mehr zurückkehren, eine Scheidung ist schwierig, fast unmöglich - wovon sollte sie, von der gesellschaftlichen Schande einmal abgesehen, auch leben?

„Die Schwiegertochter soll die letzte sein, die abends ins Bett geht, und die erste im Haus, die morgens aufsteht." Man erwartet, daß sie alle Hausbewohner gehorsam bedient und selbst keine Ansprüche stellt. In diesem hierarchischen Klima, wo die ältere Frau die Vorgesetzte der jüngeren ist und sich als Interessensvertreterin ihres Sohnes versteht, kann sich Solidarität zwischen Frauen verschiedener Generationen kaum entwickeln.

„Allah sei Dank, daß wir von „Schwiegermutter-Giftschlangen" verschont blieben", sagen lachend die Architektin Schahin (42), die Mathematiklehrerin Marijam (29) und die Erzieherin Zahar (32), Mitglieder eines Iranischen Frauenvereins in der Bundesrepublik. Diese von Schwiegertöchtern so gefürchtete Spezies ist vor allem in den iranischen Dörfern anzutreffen, wo Frauen keine Bildung und einen auf Kinder, Küche und Koran beschränkten Erfahrungshorizont haben.

Die drei Iranerinnen sind Stadt-Frauen, sie kommen aus Teheran und Umgebung, gehören der Mittelschicht an, haben eine Berufsausbildung und eine kritische Einstellung zum traditionellen Frauenbild. Dennoch tragen sie - zähneknirschend - bei Besuchen in ihrem Heimatland das Symbol der Unterwerfung, den Tschador, diese großen, schwarzen, über den Kopf geworfenen Tuchbahnen, die bis zu den Knöcheln fallen und alle Frauen zu häßlichen Vogelscheuchen machen. Würden sie sich im Iran dieser Kleidervorschrift widersetzen, drohten ihnen achtzig Peitschenhiebe.

Als einzige in dieser Runde hat die bildhübsche Marijam schlechte Erfahrungen mit ihrer Schwiegermutter gemacht, doch das liegt nun auch schon ein paar Jahre zurück. Kurz nach der Hochzeit hatten die Mathematiklehrerin und ihr Mann, ein Diplom-Ingenieur, seine verwitwete Mutter in ihre Wohnung in Teheran aufgenommen. Die junge Lehrerin freute sich, daß ihr Mann ihr im Haushalt half und sich nicht zu schade war, das Bad zu putzen. Das mußte er aber vor seiner Mutter geheimhalten. Sie hätte ihn wegen dieser unmännlichen Tätigkeit als Waschlappen und ihre Schwiegertochter als faule Hausfrau beschimpft. Deshalb tarnte der rücksichtsvolle Sohn seine Putzaktion, schloß die Tür ab und ließ das Wasser rauschen, damit seine Mutter glaubte, er stehe unter der Dusche.

Als die Witwe bemerkte, daß ihr Sohn mit seiner Frau gelegentlich ein Brettspiel spielte, verbot sie den beiden das kleine Vergnügen mit dem Argument: Sowas schickt sich nicht zwischen Mann und Frau. Gab es Streit zwischen Marijam und ihrer Schwiegermutter, verließ die beleidigte alte Dame die Wohnung und suchte bei ihrer Tochter Unterschlupf. Das war eine besonders harte Strafe für Marijam und ihren Mann, weil die Witwe den Familienzwist damit öffentlich machte und die beiden in ein schlechtes Licht setzte.

Als Marijam ein Baby bekam, besuchte die Schwiegermutter sie zwar im Krankenhaus, aber nur, weil das Kind ein Junge war. Bei einem Mädchen wäre sie nicht gekommen. Der verblüfften jungen Mutter schrieb sie vor, den Kleinen drei Jahre lang zu stillen, wie sie es mit ihrem eigenen Sohn gemacht hatte. Das kam Marijam übertrieben lange vor, und sie hielt sich lieber an die Empfehlung ihres Arztes, das Baby nach einem Jahr abzustillen. Ein Affront gegen die Schwiegermutter, die ihr die verkürzte Stillzeit noch heute zum Vorwurf macht, wenn der Kleine erkältet ist oder Fieber hat.

Seitdem Marijam und ihr Mann in Deutschland wohnen, ist das Verhältnis zur iranischen Schwiegermutter angenehm entspannt. Sie schicken der Fünfundsechzigjährigen das Geld, das sie für ihren Lebensunterhalt braucht, wechseln mit ihr herzliche Briefe, telefonieren häufig miteinander. Aus der Entfernung, die unmittelbare Einmischungen unmöglich macht, können sich die Mathematiklehrerin und ihre Schwiegermutter sympathisch finden. „Jetzt schickt sie mir liebevolle Grüße, von so viel Nettigkeit habe ich früher immer geträumt," freut sich Marijam.

Sie hält es für selbstverständlich, die Schwiegermutter bis zu ihrem Lebensende finanziell zu unterstützen und sie, wenn sie nach Deutschland kommen sollte, drei Monate bei sich in der Wohnung aufzunehmen (so lange gilt das Touristenvisum). Nicht nur, weil Tradition, Sitte und Anstand diese Fürsorge für Ältere vorschreiben, sondern auch, weil es im Iran keine Pflege- und Altenheime, keine Rentenversicherung und kein Sozialamt gibt.

Um solche Errungenschaften beneiden die westlich orientierten drei Iranerinnen die deutschen Frauen, denn allzu genau kennen sie die Nachteile und Abhängigkeiten innerhalb einer Großfamilie. Die iranischen Akademikerinnen sind fasziniert von den Möglichkeiten, die ein Sozialstaat wie der deutsche gerade den Frauen für ihre eigene Lebensplanung eröffnet. Schon eine eigene Wohnung ohne die ständige Anwesenheit der Schwie-

gereltern erscheint ihnen als Gipfel der Freiheit. Manchen Schwiegermüttern sei nur durch räumliche Trennung die Unart auszutreiben, ohne anzuklopfen in das Zimmer des jungen Paares einzudringen, sich - stets für den Sohn Partei ergreifend - in eheliche Streitigkeiten einzumischen oder ihn gar aufzufordern, seine Frau mit Schlägen zu bestrafen.

Zärtlich auf ihren spielenden sechsjährigen Sohn blickend, erklärt Marijam, sie wolle später unter keinen Umständen mit ihrer künftigen Schwiegertochter zusammenleben. Die Architektin Schahin pflichtet ihr spontan bei: „Mit 18 sollte mein Sohn aus dem Haus sein, dann will ich endlich eine Weltreise machen."

Von ihrer eigenen, verstorbenen Schwiegermutter spricht Schahin mit höchster Anerkennung: Sie sei eine einfache Frau gewesen, Analphabetin, Mutter von neun Kindern, Schwiegermutter von fünf Schwiegertöchtern, die nur Gutes über sie erzählen könnten. Sie habe Löwenmut besessen und eine entschiedene politische Haltung gehabt. Als die Fünfundsiebzigjährige vor sieben Jahren ihren Sohn in der Bundesrepublik besuchte, platzte sie in die Vorbereitung einer Anti-Khomeini-Demonstration hinein. Schahin hatte Plakate drucken lassen und wollte sie um Mitternacht rund um die Technische Hochschule aufhängen. Diese Nachtaktion sei für eine einzelne Frau viel zu gefährlich, warnte sie ihr Mann. Er machte jedoch keinerlei Anstalten, Schahin zu begleiten und ihr bei der Plakatierung zu helfen. „Wenn das so ist," entschied seine alte Mutter, „dann gehe *ich* mit". Und so klebten Schahin und ihre Schwiegermutter in jener Nacht im Jahr 1989 gemeinsam Plakate, die zur Teilnahme an der Demonstration aufforderten.

Die stille, zurückhaltende Zahar (32) blüht auf, wenn sie von ihrer Schwiegermutter spricht: Diese Frau steht immer auf ihrer Seite, fällt ihr nie in den Rücken. Als Zahar einmal von ihrem Mann beschimpft wurde, weil sie ihm sein Mittagessen zu spät zubereitet hatte, wurde sie mit Wortgewalt von seiner Mutter verteidigt. Manchmal nimmt die Schwiegermutter Zahar beiseite und flüstert ihr zu: „Spar' dir etwas Geld für deine Zukunft, Kind, leg' dir etwas auf ein Privatkonto zurück. Dein Mann braucht es ja nicht zu erfahren.“ Zahar weiß, daß die Schwiegermutter aus den bitteren Erfahrungen ihrer eigenen unglücklichen Ehe gelernt hat und sie vor einem ähnlichen Schicksal bewahren will.

4

Japan: Totale Kontrolle

In der traditionellen japanischen Gesellschaft wurde von den Schwiegertöchtern verlangt, ihre Schwiegereltern mehr als die eigenen Eltern zu ehren. „Töchter sollten mehr zur Selbstlosigkeit erzogen werden als Söhne, denn ihre Bestimmung ist es, durch die Heirat Mitglied einer anderen Familie zu werden und den Schwiegereltern zu Diensten zu sein. Werden sie durch eine nachsichtige Erziehung unfähig zu dieser Unterwerfung, so sind die Eltern und nicht etwa die Schwiegereltern dafür verantwortlich, wenn die junge Frau aus dem Hause des Ehemanns verstoßen wird“, heißt es im „Schmuckkästchen der Hohen Schule für die Frau“ *(Onna daigaku takarabako)* von 1716.

Und weiter: „Eine Frau hat kein Recht, etwas zu bemängeln. Sollte sie geschieden werden, so ist das eine lebenslange Schande für sie“. Zu den berechtigten Gründen für eine Scheidung zählte der Ungehorsam der Frau gegenüber den Schwiegereltern. Wenn sie von ihnen schlecht behandelt wurde, durfte sie sich nicht dagegen auflehnen.

Im alten Japan wurden die Mädchen frühzeitig auf ihre Aufgabe vorbereitet, gute Schwiegertöchter zu werden. Das war fast wichtiger, als eine gute Ehefrau zu sein.

Bei der Auswahl der Braut hatte die Schwiegermutter ein wichtiges Wort mitzureden. Von der jungen Frau wurde erwartet, daß sie hart arbeitete, nie untätig herumsaß und beim abendlichen Ausruhen wenigstens die Näharbeiten erledigte. In ländlichen Familien saßen Schwiegermütter und -töchter abends nach getaner Arbeit nähend zusammen, und keine durfte aufstehen und sich zu Bett begeben, bevor es die Schwiegermutter erlaubte. Manche Schwiegerväter und -mütter kontrollierten sogar das Haushaltsbudget des jungen Paares.

Schwiegertöchter waren die letzten, die bei den Mahlzeiten essen durften, und ihnen wurden oft nur kleine Mengen zugestanden. Die Männer bekamen die großen Portionen, weil sie arbeiten mußten, die Kinder wurden gut genährt, weil sie wachsen sollten. Aber Frauen, hieß es, „spielten" ja doch nur im Haus herum und brauchten keine Stärkung.

Das Haus mußte so gereinigt, die Wäsche so gewaschen und die Mahlzeiten mußten so zubereitet werden, wie die Schwiegermutter es verlangte. Sogar auf Sprechweise und Gesichtsausdruck der Jüngeren versuchten manche Schwiegermütter Einfluß zu nehmen. Ohne die Erlaubnis der Herrin des Hauses durfte die Schwiegertochter noch nicht einmal ihre Eltern besuchen.

Erst wenn die Schwiegermutter sich für die Arbeit zu alt, krank und schwach fühlte, ging die Hausmacht allmählich auf die jüngere über, die inzwischen aber auch schon im vierten Lebensjahrzehnt stand. Die Pflege der siechen Schwiegereltern blieb Aufgabe der Schwiegertochter. Ein Sprichwort sagt, daß sie das Alter dreimal erlebt: bei ihren Schwiegereltern, bei ihrem Mann und schließlich bei sich selbst.

Die Familienstruktur hat sich nach dem zweiten Weltkrieg völlig gewandelt, auch in Japan lösten sich die Großfamilien wegen der veränderten Arbeitsbedingungen allmählich auf. Der Typ der Kernfamilie (Vater, Mutter, Kind/er) setzte sich durch. Doch noch immer werden pflegebedürftige ältere Leute von ihren Angehörigen in deren Haushalten betreut, und zwar überwiegend von Schwiegertöchtern, Ehefrauen und Töchtern. Die Tradition, daß die Schwiegermutter im Haus den Ton angibt und die junge, unerfahrene Frau ihres Sohnes mit Haushaltsführung und Gebräuchen vertraut macht, gerät in Vergessenheit.

Die Machtverhältnisse haben sich umgekehrt. Junge Japanerinnen handeln noch vor der Eheschließung mit ihrem künftigen Mann aus, daß sie den Haushalt nach ihren Vorstellungen führen dürfen und die Schwiegermutter, so sie denn mitversorgt werden muß, sich nach ihnen zu richten hat. „Ein Haus, ein Auto, aber keine Schwiegermutter", das ist der Wunschtraum junger Japanerinnen.

Heute müssen sich Schwiegermütter (und Schwiegerväter) dem Lebensstil des jungen Paares anpassen. Ihre aus den Kriegs- und Nachkriegsjahren stammenden Wertvorstellungen von Sparsamkeit, Maßhalten, Selbstdisziplin und Verzicht wirken in den Augen ihrer berufstätigen, konsumorientierten Kinder als hoffnungslos veraltet. Dennoch hält es die überwiegende Mehrheit der älteren Japaner für selbstverständlich, den Lebensabend bei den Kindern, meist dem ältesten Sohn, zu verbringen.

In den westlichen Industrienationen leben etwa 20 bis 40 Prozent der älteren Paare bei Söhnen oder Töchtern, in Japan rund 66 Prozent. Warum dieser Prozentsatz noch immer so hoch ist - die Tendenz ist allerdings rückläufig - erklärt sich aus der Wohnungsknappheit in Japan und aus den Funktionen, die den Alten in einem Haushalt von Berufstätigen zufallen. Sie hüten das Haus und schützen es vor Dieben, eine Aufgabe, die nicht zu unterschätzen ist, weil die meisten japanischen Häuser von leichter Bauart und weniger einbruchssicher als westliche Häuser sind. Die Großmütter bereiten die Mahlzeiten zu, beaufsichtigen die Kinder, erledigen Gartenarbeiten und helfen bei der Wäschepflege.

Den älteren Frauen fällt es nicht leicht, sich dem Lebensrhythmus der jüngeren Generation anzupassen. Eine Schwiegermutter beschrieb der Asahi-Zeitung in einem Leserbrief sehr anschaulich ihren Alltag:

„Das Zusammenleben erfordert Tag für Tag Geduld und nochmals Geduld. Und dies nicht nur von den Alten, auch von den Jungen. Der Unterschied in der Denkweise ist absolut. Man ist sich so fremd, als würde man von einem anderen Stern kommen. Wenn man zusammenlebt, hat es die Schwiegertochter leicht, weil ihr jemand den Haushalt besorgt und das Haus hütet. Das ist der wahre Hintergedanke dabei. Und dann fordert die Schwiegertochter, man solle das Enkelkind nicht nach alter Manier erziehen. Aber wie kann jemand, der selbst keine Erziehung hat, ein Kind erziehen? Äußert man dies, nimmt der Sohn gleich die Schwiegertochter in Schutz."

(Quellen: Kitamura Kazukum: Japan - Im Reich der mächtigen Frauen. Margret Neus-Kaneko: Familie und Gesellschaft in Japan. Sung-Hee, Lee-Linke: Frauen gegen Konfuzius).

4

Indien: Das Verbrechen in der Küche

„Eine Schwiegermutter, die ihre Schwiegertochter verbrennt, soll zur Hölle fahren", riefen an einem Sonntag im Juli 1982 Tausende von aufgebrachten Frauen in Delhi. Sie demonstrierten vor Häusern, in denen junge Ehefrauen von ihren Männern oder - mit Billigung der Männer - von ihren Schwiegermüttern umgebracht worden waren. Die Morde wurden als Küchenunfälle ausgegeben. Beim Kochen hätten ihre Frauen Kerosin verschüttet, lautete die offizielle Version der Ehemänner, danach habe leider der (Kunststoff)-Sari Feuer gefangen. Oder die Schwiegereltern beteuerten mit Unschuldsmienen, die Schwiegertochter habe sich selbst angezündet, weil sie nicht mehr leben wollte.

Der Frauenprotest in Delhi richtete sich auch gegen die Polizei, die bei der Ermittlung der Mitgift-Mörder äußerst lässig vorging. Die meisten Ordnungshüter legten bald die Hände in den Schoß und zuckten die Achseln: Was konnten sie schon tun, wenn die Kronzeuginnen tot und die Beweismittel verbrannt waren? Bestechungsgelder der Familie des Witwers sorgten dafür, daß das ohnehin geringe Interesse der Polizei an einer Aufklärung der brandheißen Fälle schnell erkaltete.

Auf Mitgiftmord steht zwar die Todesstrafe, doch mit ein paar Rupien können sich Angeklagte freikaufen. Auch gegen diese Unrechtspraxis protestierten die aufgebrachten Inderinnen im Jahr 1982. Vor dem Wohnsitz von Indira Gandhi mahnten sie die Ministerpräsidentin: „Indira - Schwiegertöchter werden verbrannt unter deiner Regierung!"

Seit Anfang der achtziger Jahre bemühen sich indische Frauengruppen, Regierung und (Welt)-Öffentlichkeit wachzurütteln. Sie werden nicht müde, auf die alltäglichen Verbrechen in den indischen Küchen hinzuweisen, Verbrechen, die Ausdruck von tiefer Frauenverachtung sind. Für Überlebende der Mordanschläge wurde inzwischen in Delhi ein Frauenhaus eröffnet.

In keinem anderen Land gelten Frauen - und Schwiegertöchter - so wenig wie in Indien. Die Zahl der illegalen Abtreibungen unerwünschter Mädchen wird auf sechs Millionen pro Jahr geschätzt. Neugeborene werden erstickt, erwürgt, vergiftet und sogar lebend verscharrt. Von 13 Millionen Mädchen, die jährlich zur Welt kommen, stirbt ein Viertel vor dem sechzehnten Lebensjahr.

Schätzungsweise 10.000 Frauen kommen jährlich in Indien durch die Hand ihrer Männer oder ihrer Schwiegermütter um, weil ihre Herkunftsfamilien die Mitgift-Nachforderungen nicht erfüllen wollen oder können. Sollten diese bedauernswerten Opfer den ersten Brandanschlag überleben, bleibt ihnen oft nichts anderes übrig, als nach der Krankenhausbehandlung wieder ins Haus ihrer Peiniger zurückzukehren, wo ihnen der nächste Mordversuch droht.

Seit 1961 sind Mitgiftforderungen in Indien gesetzlich verboten, aber in den letzten Jahrzehnten wurde der von der Brahmanen-Kaste eingeführte „Brautverkauf“ immer mehr von ärmeren Schichten und unteren Kasten übernommen, bei denen *dowry* (Mitgift) früher völlig unüblich war. Das Verbot hält auch viele Akademikerfamilien nicht davon ab, auf diesem für Studium und Auslandsaufenthalte stets willkommenen warmen Geldregen zu bestehen - selbst, wenn die Braut Akademikerin ist und mitverdient. Von jungen Männern aus gebildeten Familien wird das Geld als Startkapital für die Eröffnung eines Geschäftes oder einer Arztpraxis genutzt. Sie betrachten die Mitgift als Ausgleich dafür, daß sie ihrem künftigen Schwiegervater die Last abnehmen, weiterhin für seine Tochter sorgen zu müssen. Eine Frau, glauben die Hindus, ist von Geburt an minderwertig und kann nur durch Heirat eine höhere Stufe erreichen.

„Das Ansehen des Mannes beruht auf der Mitgift der Frau“, heißt es. Die Verheiratung einer Tochter kann eine Familie schnell in den Ruin treiben, denn für die Hochzeitsgabe müssen etwa drei Jahresgehälter aufgebracht werden: Geld, das ausschließlich dem Schwiegersohn und seiner Familie zugute kommt. Sehr reiche Bauern in Punjab in Nordwestindien erwarten als *dowry* 200.000 bis 500.000 Rupien Bargeld, ein Auto, einen Kühlschrank, ein Fernsehgerät, ein Radio, eine Waschmaschine, Gold, Juwelen, Möbel und Kleider. Arme Bauern begnügen sich mit einem Fahrrad, Kassettenrekorder, Gold, Juwelen, Möbeln und Kleidern.

In Indien werden Ehen meist von den Eltern arrangiert. Nach hinduistischer Auffassung - und dieser Religion gehört die überwiegende Mehrheit der Bevölkerung an - darf eine Frau nie unabhängig sein. Erst gehorcht sie dem Vater, dann dem Ehemann und als Witwe ihren Söhnen. In der Familie des Ehemannes muß sie alle Familienmitglieder bedienen: seine Eltern, seine Brüder und sogar seine noch unverheirateten Schwestern.

Sind die finanziellen Mittel der Brautfamilie erschöpft, dann kann es geschehen, daß die junge Frau systematisch gequält und schließlich aus dem Weg geräumt wird, damit der Ehemann eine andere heiraten kann und neue Mitgift ins Haus kommt.

Eine indische Zeitschrift berichtete vom schrecklichen Tod Manuramas, einer seit drei Jahren verheirateten Frau, die Mutter eines Sohnes und einer Tochter war. Nachbarn erzählten, sie sei ständig von ihrer Schwiegermutter Savitri Devi unter Druck gesetzt worden. Ihre Schwiegereltern warfen ihr vor, nicht genug *dowry* in die Ehe gebracht zu haben. Sie verlangen von Manuramas Brüdern einen finanziellen Nachschlag, nachdem sie gehört hatten, daß ein Nachbarsohn ein Auto als Mitgift bekommen hatte. Die Brüder lehnten ab. Wenige Tage später verbrannte die junge Frau im Haus der Schwiegereltern.

Es wird angenommen, daß etwa siebzig Prozent der Mitgiftmorde von Schwiegermüttern begangen werden. Sie betäuben oder knebeln die junge Frau in der Küche, schütten Kerosin über sie, zünden ihr Kleid an und versperren der brennenden, schreienden Frau den Fluchtweg. Dieses heimtückische Verbrechen wird von den Schwiegermüttern mit durchaus gutem Gewissen begangen, denn sie opfern sich ja für ihre Söhne, damit diese ihre Seelen nicht mit einem Mord belasten müssen. Aus der Sicht indischer Männer handelt es sich um Folgen der „traditionellen Feindschaft“ zwischen Schwiegermüttern (die keine Eigentumsrechte an der Mitgift haben) und den Schwiegertöchtern.

(Quellen: Zeit, Brigitte, Emma, Maria Mies: Brautpreis, Mitgift und Mitgiftmorde in Indien).

4

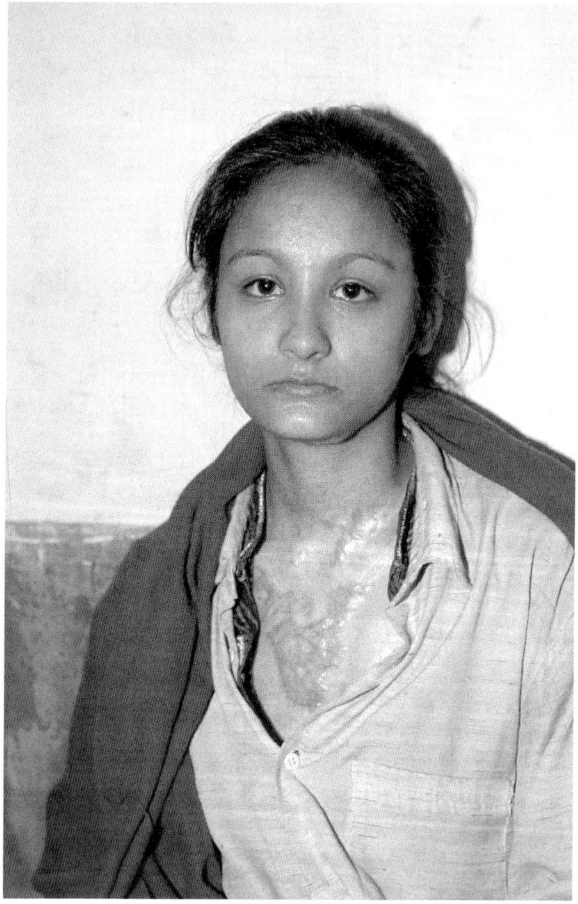

So jung und schön - und so völlig ohne Hoffnung auf ein glückliches Leben: Das Verbrennungsopfer Tina Sekh Raj.

Claudia küßt ihrer Schwiegermutter die Hand

Als Frauenbeauftragte einer deutschen Behörde hilft die Sozialpädagogin Claudia (35) vielen unsicheren Frauen mit geringer Durchsetzungskraft, sich gegen Benachteiligungen am Arbeitsplatz zu wehren und ihre Rechte geltend zu machen. Doch wenn die dunkelhaarige, heitere Frau ihre türkische Schwiegermutter, die Näherin und Bügelfrau Melek (53), in Wuppertal besucht, nimmt sie eine unterwürfige Haltung an.

Sie küßt ihren Schwiegereltern die Hände, trinkt in ihrer Gegenwart keinen Alkohol, bereitet Tee für die oft zahlreichen türkischen Besucher im Wohnzimmer zu, teilt das Zitronenparfüm zum Händeerfrischen aus und serviert die Mahlzeiten. Dies alles unter den kontrollierenden Blicken von Melek, um deren Anerkennung Claudia mit diesen Mitteln erfolgreich buhlt.

Es gibt aber durchaus Augenblicke, in denen die emanzipierte Claudia die patriarchalisch verkrusteten Strukturen im Haushalt der Schwiegereltern aufbrechen und aus der Rolle der gehorsamen Schwiegertochter ausbrechen möchte. Wieso soll sie am „Zuckerfeiertag" den Männern die Nachspeise zuerst bringen, wie ihr die Schwiegermutter in der Küche zuflüstert? Diplomatisch setzt Claudia ihr Töchterchen Ayshe als Helferin und unschuldige Übertreterin der Vorschrift ein. Sie bittet die Kleine, mit der Verteilung von selbstgemachtem *Baklava* bei der Frauenseite anzufangen, während sie die Männer bedient.

Die Frauenbeauftragte besucht ihre im 50 Kilometer entfernten Wuppertal lebenden Schwiegereltern nur etwa zehn- bis zwölfmal im Jahr, immerhin öfter als ihr Mann Mesut. Voller Neugier auf die fremde Kultur, die sie „von innen" kennenlernen möchte, läßt sie sich auf die Verwandlung und die zwei gegensätzlichen Erfahrungswelten als traditionelle türkische Schwiegertochter und berufstätige, moderne deutsche Frau ein.

Ihre äußerliche Demutshaltung ist aber auch Ausdruck ihrer Achtung vor dem religiösen Schwiegervater (55), der vor 15 Jahren durch einen Unfall erwerbsunfähig wurde, und der dominanten Melek, die das Familieneinkommen allein mit Nähen und Bügeln verdienen und sich zusätzlich um

4

den Haushalt kümmern muß. Wie soll Claudia den beiden sonst begreiflich machen, daß sie zu Mesut und seiner türkischen Familie gehören will, obwohl sie Deutsche ist und in Deutschland lebt? Mit intellektuellen Auseinandersetzungen würde sie die beiden überfordern.

Die Machtverhältnisse im Haus der Schwiegereltern hat Claudia noch immer nicht ganz durchschaut. Manchmal reden die beiden in schnellstem Schwarzmeerdialekt aufeinander ein, und das klingt nicht gerade so, als ob sich Melek von ihrem Mann viel sagen ließe. Mag er auch noch so fromm sein und fünfmal am Tag beten - Melek käme es nicht in den Sinn, ihm oder dem Islam zuliebe ein Kopftuch zu tragen. Sie hat ihre eigene Vorstellung von Freiheit. Hinter der starren Fassade der Traditionen, an denen beide so verbissen festhalten, vielleicht, weil sie sich von den deutschen Einflüssen um sie herum bedroht fühlen, schätzt Claudia ihre Gutmütigkeit, ihre Familiensolidarität und ihre Herzlichkeit. „Für das, was sie in der Bundesrepublik so alles erlebt haben und was ihnen in der Familie so alles gegen den Strich geht, sind sie schon sehr nett."

Darin würde ihr ihre Kölner Schwägerin Christine, die Frau von Mesuts jüngerem Bruder Ayhan, allerdings nicht beipflichten. Bis heute ist Christines Verhältnis zu ihren türkischen Schwiegereltern auf äußerste gespannt. Sie kann den beiden nicht verzeihen, daß sie vor elf Jahren im ersten Zorn über die uneheliche Beziehung Ayhans zu ihr, einer Deutschen, die Abtreibung des gemeinsamen Kindes verlangt haben. Inzwischen hätten die türkischen Großeltern gern mehr Kontakt zu diesem Kind, ihrem einzigen männlichen Enkel, und wünschen, daß er endlich beschnitten wird. Doch der Zehnjährige trägt nicht nur einen deutschen Namen, sondern fühlt sich auch als Deutscher und sieht nicht ein, warum er sich dem schmerzhaften Ritual unterwerfen sollte.

Seit sie ihre Schwiegereltern kennt, kann Claudia ihren Mann Mesut besser verstehen. Vorher wußte sie nicht, wie türkisch sein Denken und Handeln geprägt ist. Claudia und Mesut studierten zusammen an derselben Fachhochschule: er Kunststofftechnik, sie Sozialpädagogik. Näher kamen sie sich bei der politischen Arbeit im Allgemeinen Studentenausschuß.

Die junge Studentin fand es aufregend, durch Mesut Einblicke in die türkische Kultur zu bekommen. Sie ärgerte sich allerdings, daß er immer nach einem Vorwand suchte, um sie seinen Eltern nicht vorstellen zu müssen. Noch nicht einmal, als sie schwanger wurde.

Eine lähmende Angst befiel Mesut schon bei dem Gedanken, mit Claudia vor Vater und Mutter treten zu müssen. Er hatte nicht vergessen, wie sie bei Christine und Ayhan ausgerastet waren, wie sie seinen Bruder geradezu aus der Familie ausgestoßen hatten, als er ihnen eine deutsche Schwiegertochter präsentierte. Und nun würde er, der älteste Sohn, ihre letzte Hoffnung auf eine Fortsetzung der türkischen Familientradition, ihnen ebenfalls mit einer deutschen Freundin Kummer und Schande bereiten. „Wenn sie das erfahren, bringen sie sich um“, behauptete er. Claudia fand sein Verhalten feige. Sie hatte das Gefühl, daß er nicht zu ihr und ihrem Kind stand.

Töchterchen Ayshe war schon vier Monate alt, als sich Mesut endlich ein Herz faßte und mit Freundin und Tochter zu seinen Eltern fuhr. Der Zeitpunkt war diplomatisch gewählt: Neujahr, der große türkische Familienfesttag. Claudia erinnert sich an jede Einzelheit. „Es war furchtbar. Ich hatte die Nacht davor nicht geschlafen, konnte nichts essen. Das Baby habe ich als Schutz auf dem Arm getragen, da fühlte ich mich vor Angriffen sicher. Es gab mir Stärke.“ Viele freundliche, neugierige Augen blickten Claudia beim Betreten der Wohnung ihrer Schwiegereltern entgegen. Nach dem Begrüßungsritual auf türkisch, dem sie damals mit ihren mageren Sprachkenntnissen noch nicht recht folgen konnte, stand das Baby im Mittelpunkt. Daß die Kleine einen türkischen Namen trägt, wurde erfreut zur Kenntnis genommen, ließ sich doch daraus schließen, daß Claudia - anders als Christine - ihrem Kind die türkische Kultur nicht vorenthalten will. Das Baby wurde stolz herumgereicht, ging, vielgestreichelt und -geküßt, von Hand zu Hand. Claudia sah ihre Tochter erst nach einer Stunde wieder und wußte: Sie war gnädig in den Kreis der Familie aufgenommen.

Dennoch machte es ihr die Schwiegermutter in den nächsten Jahren nicht leicht. Statt Claudia freundschaftlich beiseite zu nehmen und sie türkische

4

4

Umgangsformen zu lehren, sah sie regungslos zu, wie ihre deutsche Schwiegertochter aus Unwissenheit in so manches Benimm-Fettnäpfchen tappte. Woher sollte sie auch die interne Rangfolge kennen, wann welcher Verwandte wie begrüßt wird? Doch durch ihre ständige Bereitschaft, bei den Hausarbeiten mit anzupacken, zeigte Claudia ihrer Schwiegermutter, daß sie sich den Aufgaben einer türkischen Schwiegertochter nicht entziehen will. „Für mich ist es die Wohnung meiner Schwiegermutter, aber für sie ist es unsere gemeinsame Wohnung. Sie weiß nicht, was Distanz bedeutet."

In der Türkei ist es ganz üblich, daß die Schwiegermütter ihren Schwiegertöchtern die Hauptlast der Hausarbeit aufbürden und es genießen, nach langen Jahren harter Arbeit endlich einmal die Hände in den Schoß legen zu dürfen. Die Schwiegertochter gilt auch als leibhaftige „Pflegeversicherung" der Alten. Ein heikler Punkt für Claudia. Sie weiß, daß ihre Schwiegereltern im stillen mit ihrer Unterstützung rechnen, wenn es mit ihrer Gesundheit bergab gehen sollte. Ob die beiden im Alter in die Türkei zurückkehren, wie sie es früher einmal geplant hatten, ist heute ungewisser denn je.

Claudia hat ihre kleinen Kämpfe mit Melek. Die Schwiegermutter will sie unbedingt dazu bringen, ihre Suppe scharf nachzuwürzen: „Du mußt lernen, scharf zu essen." Als Mesut in ihrer Gegenwart seiner kleinen Tochter die Windeln wechselte, wie er es auch zuhause tat, warf ihm seine Mutter vor, er sei in Deutschland zum Weichling geworden. Es paßt nicht in ihre Vorstellungswelt, daß sich Männer in die traditionellen Frauendomänen Babypflege und Küche hineindrängen. Ihre türkischen Rezepte diktiert sie stets ihrer deutschen Schwiegertochter, obwohl ihr längst aufgefallen sein muß, daß sich nur Mesut eifrig Notizen macht. Im Gegensatz zu Claudia kocht er gern, und sie überläßt ihm zuhause oft die Küchenherrschaft. Davon aber will Melek nichts hören und nichts wissen. Sie verschließt ihre Augen vor dieser und so mancher anderen Realität.

Mit dem Händeküssen der türkischen Verwandten, auch in der Öffentlichkeit, hat Claudia keine Probleme. Sie fühlt sich nach dieser Begrüßungs-

prozedur von den Schwiegereltern besser angenommen. Vor zwei Jahren hat ihr Melek übrigens die zum Kuß ausgestreckte Hand entzogen und sie umarmt. Seitdem ist es bei dieser intimeren, freundschaftlicheren Berührung geblieben. Als Melek während einer Operation ihres Mannes bei ihrer deutschen Schwiegertochter Trost und Anlehnung suchte, fielen alle trennenden Kulturschranken weg: Die beiden Frauen lagen sich in den Armen und waren sich nahe wie nie zuvor.

Ihren Schwiegereltern zuliebe hat sich Claudia islamisch trauen lassen. Sie sieht das ganz locker: „Es war ihnen wichtig, deshalb habe ich eingewilligt. Im übrigen glaube ich weder an die islamische, noch an die christliche Religion." Bei der Hochzeit hatte Claudia keineswegs das Gefühl, ihre Überzeugung verraten zu haben. Es amüsierte sie, daß ihr der *Hodscha* (Lehrer) ein Zettelchen überreichte, auf dem ihr im Fall einer Scheidung 1.000 Mark zugesichert wurden (ein deutsches Gericht würde die Regelung ohnehin nicht anerkennen). Und es rührte sie, daß ihre Schwiegermutter einen ihrer Goldarmreifen vom Handgelenk nestelte und ihn der deutschen Braut ihres Sohnes feierlich überreichte.

Auch die unkonventionelle deutsche Hochzeit des jungen Paares haben Melek und ihr Mann tapfer und ohne Murren durchgestanden, was ihnen Claudia hoch anrechnet. „Wir sind mit dem Fahrrad zum Standesamt gefahren", erzählt sie und bekommt bei der Erinnerung glänzende Augen. „Mit hundert Leuten und einem Kasperletheater haben wir uns im Garten amüsiert. Meine Schwiegereltern kannten außer meinen Eltern und uns niemanden, aber sie harrten uns zuliebe bis abends aus. Klar, wir waren schon erleichtert, als sie endlich gegangen waren. Aber es war doch lieb von ihnen gemeint."

Claudia war schon oft in der Türkei, aber immer ohne die Schwiegereltern, die so gern mit ihr „die Verwandten abklappern" möchten. „Da würde ich bald auf dem Zahnfleisch gehen", lacht Claudia. „Drei Tage Eingewöhnungszeit würde man mir wohl zubilligen, aber dann müßte ich die Aufgaben einer türkischen Schwiegertochter übernehmen. Und das heißt - auch im

Urlaub - für uns alle Essen kochen, Wohnung putzen, Kinder beaufsichtigen und Wäsche waschen.“ Diesen Streß will sich Claudia nicht aufhalsen, soweit geht die Schwiegertochterliebe der deutschen Frauenbeauftragten nun doch nicht.

4

Alle unter einem Dach

Scheidungsgrund: Schwiegereltern

5

Das Haus von Rainers Ex-Schwiegereltern hat zwei abgetrennte Einheiten. Oben wohnen die beiden Sechzigjährigen, unten ihre Tochter Christel und die Enkelkinder. Im September 1993 ist Rainer (40) ausgezogen. Wenn es dieses verdammte Haus nicht gäbe, wäre er wohl heute noch mit seinem stillen, lieben, goldigen „Mädchen" (36) - so nennt er sie weiterhin - zusammen und müßte nicht in einem zermürbenden Kleinkrieg darum kämpfen, seine vierjährigen Zwillingssöhne öfter besuchen zu dürfen. Die Schwiegereltern bekamen alles hautnah mit, was während der dreizehnjährigen Ehe ihrer Tochter in diesem Haus passierte. Und sie mischten sich in alles ein - bis das Paar zerstritten war.

Bei der Hochzeit vor 13 Jahren waren Christel und Rainer noch fest entschlossen, sich eine eigene Wohnung zu suchen. „Jung und alt verträgt sich nicht", machte Rainer seinen Schwiegereltern Paul und Margarethe bei einem ruhigen Gespräch im Wohnzimmer klar, nachdem Paul ihm die untere leerstehende Wohnung zu günstigen Bedingungen angeboten hatte. „Bei uns ist das anders", behauptete der alte Handwerksmeister. Er versprach hoch und heilig, das junge Paar im Haus völlig in Ruhe zu lassen. Rainer wollte sich damals eigentlich nicht erweichen lassen, aber Christel, einziges Kind ihrer Eltern, übernahm bald die vernünftig klingenden Argumente ihres Vaters. Da gab auch der Schwiegersohn nach.

„Kaum waren wir eingezogen, begann der Trouble", erinnert sich Rainer. Zur Hochzeit schenkten ihnen die Schwiegereltern ohne vorherige Absprache ein Schlafzimmer, das weder Christels noch Rainers Geschmack entsprach. Die beiden fügten sich mit sauren Mienen, obwohl sie sich überrumpelt fühlten. Erst an seinem Geburtstag begann Rainer, sich gegen solche Überraschungsgeschenke heftig zu wehren. Da lieferten zwei

5

Schreinergesellen eine grauenhaft altmodische Zimmertür bei ihm ab: ein Geburtstagsgeschenk vom Schwiegervater. „Nehmt sie sofort wieder mit“, herrschte der Beschenkte die verdutzten Lieferanten an.

Beim Aufhängen der Lampen entdeckte der junge Ehemann, daß beim Verlegen der Leitungen in der Wohnung gepfuscht worden war. Den ersten Krach im Haus löste er aus, als er einen befreundeten Elektriker mit den Reparaturen beauftragte. Da brüllte der cholerische Schwiegervater ihn so laut an, daß man es noch drei Häuser weiter hören konnte, und pochte auf sein Recht als Hausherr: Wenn in diesem Hause etwas repariert werden müsse, werde er das entweder selbst erledigen oder einen seiner Bekannten dafür auswählen.

Rainer wünschte sich eine „Topp-Wohnung“ und besprach alle seine Ausbau-, Renovierungs- und Möblierungspläne mit Christel. Sie teilte seine Vorstellungen nur solange, bis sie mit ihrem Vater gesprochen hatte. Danach änderte sie plötzlich ihre Meinung und eignete sich die konträren Ansichten ihres Vaters an, was Rainer zunächst nicht verstehen konnte. Schwiegermutter Margarethe vertraute ihm einmal an: „Ich kann nicht zu dir halten, weil ich mich gegen meinen Paul nicht durchsetzen kann”. Rainer: „So hatte ich in dem Haus bald drei Leute gegen mich.“

In Etappen setzte er die Renovierungsarbeiten fort und provozierte regelmäßig Kräche, wenn er Fliesen aussuchte, die dem Schwiegervater zu weiß waren und sich für Fenster entschied, von deren Herstellerfirma der Handwerksmeister ganz und gar nichts hielt. Knapp 130.000 Mark hat der Perfektionist Rainer im Lauf von 13 Jahren in die Wohnung gesteckt. Zu viel, um von diesem Haus und den Schwiegereltern ohne finanzielle Opfer loszukommen.

Wenn er von seiner Arbeit bei der Post nach Hause kam, schlich sich Rainer immer öfter in seine Wohnung, um dem Schwiegervater nur ja nicht begegnen zu müssen. Er hatte sein reaktionäres Gerede satt, seine Erzählungen von der Nachkriegszeit, seine Selbstverherrlichung, seine Art, alles verächtlich zu machen, was nicht seinem eigenen Lebensstil

entsprach. Paul mißbilligte es zum Beispiel, daß Rainer mit Christel Urlaub in Spanien und Jugoslawien machte. Wenn seiner Tochter im Ausland etwas passiere, werde er seinen Schwiegersohn dafür zur Rechenschaft ziehen, drohte er. Die beiden sollten sich ein Beispiel an ihm und seiner Frau nehmen und sich daheim auf Balkonien erholen.

Ging Rainer nach der Arbeit in die Kneipe oder die Sauna, kommentierte der Schwiegervater: „Wer abends aus dem Haus geht, kann kein ordentlicher Mensch sein." Mit seiner Frau Margarethe unternimmt Paul selten etwas, die beiden haben keinen Freundeskreis, hocken abends meistens vor dem Fernsehgerät und wollen mit „fremden" Leuten nichts zu tun haben.

5

Rainer baut gerne HiFi-Anlagen zusammen, das ist sein Hobby. Als er mit einem neuen Verstärker nach Hause kam, wetterte der Schwiegervater: Der soll sein Geld besser für anderes sparen. An dem Haus gibt es noch genug zu tun. „Ich konnte machen und sagen, was ich wollte, es war alles nichts", klagt der Schwiegersohn.

Christel war ihrem Vater in eigenartiger Haßliebe verbunden. Rainer bat sie, sich endlich zu entscheiden, wem sie die Stange halten wollte. „Es gab eine Zeit, da tendierte sie mehr zu mir. Wenn sie sich über ihren Vater ärgerte, bedrängte sie ihn so massiv, daß ich sie bremsen mußte. Sie hat mit ihm richtig hysterisch geschrien."

Manchmal hörten Christel und Rainer in ihrer Wohnung, daß Paul seine Frau Margarethe schlug. Dann mischte sich Rainer auf Christels Drängen hin in die Auseinandersetzung ein und drohte seinem Schwiegervater mit der Polizei, falls er „das Frauchen" nicht in Ruhe lasse. Vor der Polizei schien Paul großen Respekt zu haben, und eine Zeitlang hielt er sich zurück.

Dann kamen, von allen Hausbewohnern lang ersehnt, endlich die Kinder zur Welt - Zwillinge. Wenn sie nachts brüllten und nicht gleich ihr Fläschchen bekamen, hockten sich die Schwiegereltern mit vorwurfsvollen Blikken auf die Treppe oder drangen mit „hallo, hallo" ins Schlafzimmer der jungen Eltern ein und forderten schnelle Abhilfe. Demonstrativ verschloß

5

Rainer nach einem solchen Auftritt die Schlafzimmertür - da machten sich die Schwiegereltern in der nächsten Nacht mit lautem Klopfen an der Tür bemerkbar.

Margarethe war tagsüber gar nicht mehr aus der Wohnung ihrer Tochter wegzukriegen. Die morgendliche Frage „ihr habt doch nichts dagegen, daß ich mich ein bißchen zu meinen Enkeln setze?“ leitete ihren ganztägigen Aufenthalt ein. Wo Margarethe war, fand sich auch Paul bald ein. Wenn Rainer die Schwiegereltern daran erinnerte, daß sie ja auch noch eine eigene Wohnung besaßen, konterten sie: Das sind unsere Enkelchen, auf die wir ein Anrecht haben.

Zwischen dem jungen Ehepaar gab es die ersten größeren Spannungen. Christel schien die Verachtung ihres Vaters über Rainers beruflichen Abstieg zu teilen. Sein Arbeitsplatz bei der Post war wegrationalisiert worden. Dort hatte er immerhin eine leitende Stellung gehabt, im Verlag verdient er zwar wegen der häufigen Nachtarbeit mehr, ist aber nur eine Art Hausbote mit Spezialgebiet. Diese Nachtarbeit gefiel Christel überhaupt nicht, und sie verdächtigte ihren Mann mehrfach, doch zu Unrecht der Untreue.

Rainer spürte, daß sie sich mehr und mehr mit ihren Eltern gegen ihn verbündete und ihn mit deren Augen sah. Einmal kam er nach Hause und fand eine leere Wohnung vor. Die Kinder waren bei der Schwiegermutter. Margarethe erklärte scheinheilig, Christel werde bestimmt bald wiederkommen. Erst gegen Abend tauchte sie auf und stellte ihn gleich vor vollendete Tatsachen: „Ich lasse mich von dir scheiden, ich brauche dich nicht mehr - nur noch für den Unterhalt. Ich hab' ja meine Eltern, die sich um die Kinder kümmern und auf die ich mich verlassen kann.“

Rainer ist überzeugt davon, daß seine Frau von ihren Eltern gegen ihn aufgehetzt wurde, „sie hat sich halt immer noch nicht von ihnen abgenabelt.“ Besonders kränkend empfindet er es, daß Christel bei der Scheidungsverhandlung behauptete, er habe sie und die Kinder geprügelt. „Wenn in dem Haus geschlagen wurde, dann war nicht ich das. Die erste Ohrfeige von mir hätte meine Frau erst noch zu kriegen.“

Als Rainer Christel kennenlernte, war sie ungewöhnlich still, was er sich heute erklären kann: Ihr autoritärer Vater hatte sie streng erzogen und ihr keinen eigenen Willen gelassen. „Bei dem müßten die Frauen eigentlich verschleiert herumlaufen," empört sich Rainer. Er ermutigte seine Frau, Mal-, Rhetorik- und Computerkurse in einem Frauenzentrum zu besuchen. Während Paul seiner Frau Margarethe verbot, zu einem Fest der Gemeindeverwaltung zu gehen, weil sie dort von betrunkenen Männern „angebaggert" werden könnte, war Rainer stolz darauf, daß „meine Christel hingehen kann, wo sie will."

Vielleicht war das zuviel Freiheit für eine Frau, die ihren Vater immer als Pascha im Haus erlebt hatte?

„Die Schwiegereltern lassen uns nicht weg"

Jeden Morgen, wenn Kerstin (41) die Augen aufschlägt, blickt sie auf Weinberge, blumenstrotzende Vorgärten und ein Tal, das Urlaubsstimmung weckt. Und jeden Morgen träumt sie sich ganz weit weg in irgendein Mietshaus in der nahen Kreisstadt. Am liebsten würde sie alle Möbel zusammenpacken und mit ihrem Mann, dem 43 Jahre alten Kaufmann Klaus, und ihrem einjährigen Sohn Bastian von einem Tag auf den anderen das enge grüne Haus verlassen, in dem sie mit ihren Schwiegereltern zusammenleben muß.

Kerstin ist Realistin genug, um zu wissen, daß aus diesem Plan nichts werden kann. Vorerst wenigstens nicht. Denn das Haus gehört zur Hälfte ihrem Mann. Vor zehn Jahren hat er es zusammen mit seinen Eltern gebaut, es schien eine gute Kapitalanlage zu sein: zwei getrennte Wohnungen für alt und jung, Garagen, ein Garten. Das Grundstück war preiswert, weil es in einer ruhigen, abgelegenen Straße liegt. Viel zu abgelegen, findet Kerstin inzwischen, die sich nach mehr Trubel und jungen Familien in der Nachbarschaft sehnt.

Klaus verliebte sich in Kerstin, nachdem er das neue Haus gerade mit seinen Eltern bezogen hatte. Die junge Frau ließ sich Zeit mit dem Zusammenziehen, Zeit mit der Kündigung ihrer Mietwohnung in einem Haus, in dem sie sich rundum mit Nachbarn und Vermietern gut verstanden hatte. Nach und nach stellte sie ihre Möbel bei Klaus unter. Die künftigen Schwiegereltern bekam sie dabei nie zu Gesicht, erst auf dem Geburtstag der Schwester ihres künftigen Mannes lernte sie die beiden kennen.

5

Von Anfang an verhielten sich die Schwiegereltern gegenüber der neuen Hausbewohnerin äußerst reserviert. Ja, sie waren trotz Einladung nicht einmal zur Hochzeit von Klaus und Kerstin nach Berchtesgarden gekommen - zu weit weg, zu umständlich zu erreichen, entschuldigten sie ihr Fernbleiben. Zwischen Tür und Angel steckten sie ihrem einzigen Sohn das Hochzeitsgeschenk zu. Einen Umschlag mit 50 Mark. Keine Blumen für die Braut. „Er tat mir so leid," sagt Kerstin. „Er war so verdattert, so verletzt".

Um ihren guten Willen zum harmonischen Zusammenleben zu zeigen, stellte Kerstin ihrer Schwiegermutter Barbara (70) einen Strauß Blumen vor die Wohnungstür. Doch statt sich zu bedanken, äußerte die zierliche grauhaarige Frau, sie könne mit Blumen nicht viel anfangen.

„Barbara ist schon ziemlich komisch", urteilt Kerstin, „sie hat keine Freundinnen oder Bekannte, keine Hobbys außer dem Lösen von Kreuzworträtseln der Marke Lebensbund mit drei Buchstaben. Was sie so tut, das weiß ich ehrlich gesagt gar nicht. Sie kocht nicht gern und will sich so wenig Arbeit wie möglich machen. Deshalb lehnt sie sogar Zimmerpflanzen ab. In vielem ist sie unsicher und macht sich klein, sogar vor mir. Immer hat sie Angst vor dem, was die Nachbarn sagen könnten."

Wenn sie sich im gemeinsamen Treppenhaus zufällig trafen, sprach Barbara ihre Schwiegertochter immer mit „Sie" an, und bis heute hat sich der Schwiegervater nicht zum „Du" durchringen können. Barbara faßte sich immerhin nach der Geburt des kleinen Bastian, des einzigen Enkelkindes, ein Herz und trug Kerstin äußerst umständlich mit den Worten „ich habe übrigens denselben Vornamen wie deine Mutter" das Du an.

Bis heute kennt Kerstin nicht alle Räume in der Wohnung ihrer Schwiegereltern im Obergeschoß. Sie war noch nie in ihrem Bad, hat noch nie einen Blick in ihr Schlafzimmer werfen können. Nie treffen sich die beiden Frauen zum gemeinsamen Kaffeetrinken, und Kerstin kann sich nur an eine einzige Einladung ihrer Schwiegermutter zum Essen erinnern. „Barbara hat null Familiensinn auf der ganzen Linie," bedauert sie. Von ihrer Mutter ist sie anderes gewohnt.

Als Kerstin vor Bastians Geburt noch bei der Telekom arbeitete und jeden Morgen nach Darmstadt fuhr, stand sie unter der ständigen Beobachtung ihrer Schwiegereltern. Erst, wenn sie das Haus verlassen hatte, rührten sich die beiden. Der harsche Umgangston zwischen Klaus und seinen Eltern machte ihr anfangs zu schaffen. Da wurde nicht „Guten Tag" gewünscht, nie „Wie geht es dir?" gefragt, sondern gleich gefordert oder gemahnt. Einmal rief die Schwiegermutter Kerstin innerhalb des Hauses an. Grußlos bellte Barbara ins Telefon: „Ist der Klaus da?" Worauf Kerstin den Hörer pikiert an ihren Mann weiter reichte: „Da ist jemand, der dich sprechen will".

Ärger gab es, als die Schwiegertochter zwei aus Spanien mitgebrachte Blumenkübel vor das Haus stellen und bepflanzen wollte. Kerstin setzte sich damit nach zwei Jahren durch und wurde am vergangenen Weihnachtsfest sogar - das erste Mal überhaupt - von ihrer Schwiegermutter dafür gelobt, daß sie die Kübel so schön mit Zweigen und Rosenkugeln dekoriert hatte. Die Schwiegereltern rasteten allerdings völlig aus, als Kerstin einen Teil des Gartens umgestaltete. Dabei hatten sie den nie genutzt. Und sie drohten ihr sogar mit einem Anwalt, als sie ihnen verbot, den gemeinsamen Garten über die Terrasse der unteren Wohnung zu betreten. Denn Kerstin steht auf dem Standpunkt, daß die Terrasse, vor allem im Sommer, Bestandteil ihrer Erdgeschoßwohnung ist.

Der Egoismus ihrer Schwiegereltern treibt Kerstin manchmal auf die Palme. Nach dem Mittagessen wirft der Schwiegervater in seiner Hobbywerkstatt oft die Kreissäge an, das Ruhebedürfnis der Nachbarn interessiert ihn nicht. Auch als Kerstin hochschwanger war und sich nachmittags für eine Stunde ins Bett zurückzog, nahm er darauf keine Rücksicht. Wenn Schwiegermutter Barbara mit dem Auto zum Einkaufen fährt - das nächste Geschäft ist drei Kilometer entfernt -, kommt sie nie auf die Idee, Kerstin zu fragen, ob sie ihr etwas mitbringen könne. Mit diesem beziehungslosen Nebeneinander hat sich die Schwiegertochter zwar abgefunden, trauert aber manchmal doch ihrer früheren, so viel herzlicheren Hausgemeinschaft nach.

Vor einem Jahr wurde Bastian geboren. Die Schwiegereltern gratulierten telefonisch, besuchten Kerstin aber nicht im Krankenhaus. Klaus brachte Mutter und Kind nach Hause, trug das Baby die Treppe hoch und präsentierte es seinen Eltern. Unten wartete Kerstin und fühlte sich ausgeschlossen. Während ihre eigene Mutter sofort bereit war, eine Zeitlang für die junge Familie zu kochen, um ihre von der Geburt geschwächte Tochter zu entlasten, hielt sich Schwiegermutter Barbara mit solchen Hilfsangeboten völlig zurück. Nicht mal Kuchen habe sie von ihr bekommen, sagt Kerstin.

Inzwischen nimmt Oma Barbara den Kleinen immerhin für ein paar Stunden in der Woche zu sich, weigert sich aber, ihn zu wickeln. Mit dem stinkenden Kind auf dem Arm, läuft sie zu ihrer Schwiegertochter ins Erdgeschoß und meldet ihr aufgeregt: Er riecht unangenehm. Anfangs wagte sie nicht einmal, das Baby zu füttern. Aber eines Tages mußte Kerstin zu einem dringenden Arzttermin nach Mannheim und gab Bastian samt Breichen und Löffelchen überstürzt bei Barbara ab. Dieser Crash-Kurs veränderte einiges. „Neuerdings werden zwischen uns sogar Worte gewechselt", staunt Kerstin über die von Bastian eingeleitete Wende.

Mehrere Stunden in der Woche verbringt der Kleine nun bei seinen Großeltern im Obergeschoß. Sie haben ihm eine Spielecke eingerichtet und ziehen ihn manchmal mit einem selbstgebauten Wägelchen durch die Wohnung. Mit seinem Charme hat der Kleine seine eigenbrötlerischen Großeltern verändert, sie krabbeln neben ihm auf dem Boden herum und sind wie ausgewechselt.

Kerstin ist froh, daß ihr die Schwiegermutter das Kind für eine Weile abnimmt. Sie will mit ihr einen festen „Kindertag" in der Woche vereinbaren, damit sie sich stärker ihrer kleinen Firma und dem Verkauf von Druckrechten für Bilder widmen kann. Trotz dieser ersten schüchternen Entspannungstendenzen würde sie das grüne Haus lieber heute als morgen verlassen. Klaus kann es aber nur verkaufen, wenn seine Eltern damit einverstanden sind. Aber beide sträuben sich heftig, in ihrem Alter noch einmal umzuziehen. Und so bleibt der jungen Familie vorerst nichts anderes übrig, als auf einen Meinungsumschwung oder auf ein Wunder zu hoffen.

Thea schnitt ihre Schwiegertochter aus dem Foto

Hanna (60), ausgerechnet die ruhige, gelassene Hanna, verlangt „erst mal einen Schnaps!" als sie von ihrer längst verstorbenen Schwiegermutter erzählen soll. „Ich habe gezittert, wenn ich an ihrer Tür vorbeigegangen bin", gesteht sie. Es fällt ihr schwer, sich den längst verdrängten Erinnerungen zu stellen, über die sie nur in Abwesenheit ihres Mannes Reinhold sprechen mag. Schließlich handelt es sich ja um seine Mutter.

Im Einfamilienhaus, das Hanna, ihr Mann und die fünf Kinder jahrzehntelang mit den Schwiegereltern, genannt „Babba und Mamma", geteilt haben, ist es still. Nur ein adoptierter Sohn lebt noch im Haus, die beiden alten Leute sind schon seit Jahren tot. Nachdenklich nippt Hanna an ihrem schwarzen Tee, von Schnaps ist längst keine Rede mehr. Sie hat ihre Gefühle wieder völlig im Griff. Ja, was war an Schwiegermutter Thea eigentlich so schrecklich? „Mamma" meinte es doch eigentlich nur gut mit allen.

5

Thea, 43 Jahre älter als ihre Schwiegertochter, kam Hanna schon immer „ziemlich uralt" vor. Sie stammte vom Land, war eine Frau ohne Bildung, ohne große Interessen. Ein schlichtes Gemüt, sehr kinderlieb, urteilt Hanna. „Mit ihr konnte man über vieles nicht reden." „Mammas" und „Babbas" spät geborener Sohn Reinhold, als Universitätsprofessor vielbewunderter Aufsteiger der Handwerkerfamilie, war der ganze Stolz der einfachen Frau. Er sonnte sich in dieser Bewunderung und schwärmt bis heute in höchsten Tönen von Mutters unerreichbar guten Butterplätzchen. Hat er nichts von den latenten häuslichen Spannungen zwischen den Frauen bemerkt? „Männer", sagt Hanna ausweichend, „sind doch ziemlich konfliktscheu. Reinhold hat sich aufs schönste allem entzogen."

Thea konnte nie begreifen, daß ihre Schwiegertochter trotz der großen Familie und „obwohl sie es gar nicht nötig hat" noch stundenweise ihrem früheren Zeitungsberuf verbunden blieb. Hatte sie denn nicht alles, was eine Frau brauchte?

Das Mittagessen wurde stets gemeinsam eingenommen. Thea kochte für alle, und so saß die Familie immer viel mit „Mamma und Babba" zusammen, ob sie dazu Lust hatte oder nicht.

Zu Beginn ihrer Ehe hatte Hanna mit dem Kochen noch keine Erfahrung. Vierundzwanzig Jahre alt war sie, als sie bei den Schwiegereltern einzog, rasend verliebt und optimistisch. Wird schon gutgehen mit den alten Herrschaften, sagte sie sich. Ihre Mutter hatte sie gewarnt: Kind, die haben doch ein ganz anderes Niveau als wir, einen völlig anderen Lebensstil. Doch Hanna konnte sich damals nicht vorstellen, wie eng das Zusammenleben sein würde.

Hanna setzte durch, daß im Haus eine zweite Küche eingebaut wurde - ihr Reich. Sie wagt sich aber bis heute noch nicht an Buttergebäck. Backen wird für sie ewig und immer mit ihrer Schwiegermutter verbunden bleiben, selbst jetzt noch scheut sie jeden Wettbewerb und Vergleich auf diesem Gebiet.

Es kam der Tag, an dem Hanna bei ihrer Rückkehr ins Haus ihre Küche blitzblank aufgeräumt vorfand. Mittendrin standen die Schwiegereltern mit strahlenden, lobheischenden Gesichtern: „Wir wollten dir nur helfen, du bist sicher nicht zum Spülen gekommen", sagten sie arglos. Hanna rang mühsam nach Fassung. Wie kamen die beiden dazu, in ihr privates Reich einzudringen? Da hatte sie nun gerade mit ihrem Mann nach langen Diskussionen ein Konzept für eine partnerschaftliche Haushaltsführung vereinbart und war mit ihm übereingekommen, künftig den Abwasch zu teilen. Und nun mischten sich die Schwiegereltern ungefragt ein und mißachteten ihren Willen!

Hinter Hannas sachlicher, bestimmter Art verbirgt sich eine tiefe Mütterlichkeit, die ihr Außenstehende auf den ersten Blick nicht anmerken. Für sie und ihren Mann war es nur konsequent, zusätzlich zu den beiden eigenen „selbstgestrickten" Kindern - die dazu ausdrücklich ihre Erlaubnis gaben - drei Waisenkinder aus Vietnam aufzuziehen. Den Familienzuwachs konnten sie sich 1971 - Reinhold war 40, Hanna 35 Jahre alt - finanziell kaum leisten. „Ich wollte immer schon eine große Familie haben", erklärt die fünffache Mutter heute ihre früheren Beweggründe. „Und außerdem waren wir nachkriegsnaiv. Wir zweifelten nicht dran, daß wir es schon schaffen würden, die Kinder großzuziehen."

Für die konservative Schwiegermutter war diese Entscheidung ein Kulturschock: „Die Kinder anderer Leute wollen sie adoptieren, und dazu auch noch Schlitzaugen!" jammert sie sich bei Bekannten aus. Ihren Widerstand gegen „die Gelben" gab sie erst auf, als sie die Winzlinge zum ersten Mal

5

in den Armen hielt. Von da an „bobbelte“ sie die exotischen Babys genauso herzlich, wie sie es vorher mit den leiblichen Enkeln getan hatte.

Hanna wünschte, daß in ihrem Teil des Hauses bestimmte Regeln eingehalten wurden. Damit hatte Thea große Probleme, was sich vor allem bei der Betreuung der Enkelkinder zeigte. Immer wieder verstieß die Oma weichherzig und inkonsequent gegen Hannas wohlüberlegte Anordnungen. Eine Menge Bösartigkeiten seien damals zwischen ihnen ausgetauscht worden, sagt Hanna, „aber ich war die Stärkere.“

Als Hanna schließlich das Kochen übernahm, weil die hochbetagte Thea Salz und Spülmittel verwechselte, mäkelte die alte Dame genüßlich an ihrem Essen herum. Sie merkte, daß sie ihre Schwiegertochter damit treffen konnte. „Ach, gibt's schon wieder Suppe?“ maulte sie. Für Hanna, eine Frau mit vielen außerhäuslichen Interessen und Verpflichtungen, waren Eintöpfe nun einmal die einfachste Lösung, um die große Familie ohne Mühe sattzukriegen.

Wollten die Kinder abends Freunde besuchen, nervte die Oma sie mit Sprüchen aus ihrer Dorfjugendzeit: „Wenn die Laternen angehen, geht man nach Hause.“ Als Schulfreunde ihrer Enkel zum Übernachten vorbeikommen wollten, fragte sie spitz: „Haben die denn zuhause kein eigenes Bett?“ Ihr Urteils- und Erkenntnisstand war auf dem Niveau ihrer frühen Jahre stehengeblieben. In einer Zeit, als sich die Familien nur mit Mühe und Not selbst ernähren konnten, war es natürlich nicht üblich gewesen, Fremde zu beherbergen. Thea beharrte stur auf dem alten Prinzip Häuslichkeit: „Man geht doch nicht zu den Leuten.“

Als Hanna einmal an ihrem Zimmer vorbeiging, sah sie, wie die alte Frau ein Bild von ihr und Reinhold betrachtete, Hannas Kopf genüßlich abschnitt und ihren Sohn - ritschratsch - von ihr befreite. Sie hatte ihn, zumindest auf dem Foto, wieder ganz allein für sich. „Wie eine Ersatzhandlung kam mir das vor, Schere statt Messer. Aber damals,“ sagt Hanna fast entschuldigend, „war sie ja auch schon etwas altersverwirrt.“

Inzwischen ist Hanna selbst Schwiegermutter. Sie besucht Tochter und Schwiegersohn in Berlin nie ohne genaue Zeitabsprachen, hält sich beim

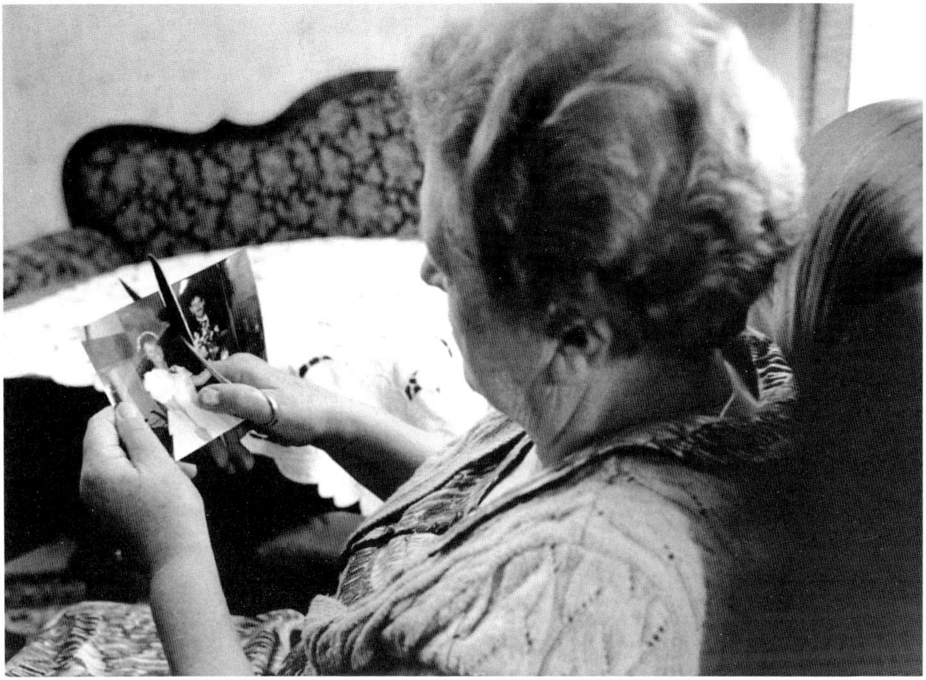

5

Betreuen der Enkel an die vereinbarten Regeln und mischt sich nicht in die Erziehung ein. Das gelingt ihr, weil sie sich dank Tennis, Engagement in einer Kirchengemeinde, Garten- und Schreibarbeiten nie wie Thea mit aller Lebenskraft „auf die Family" stürzen muß.

Ihrer „Family" hat sie mit der ihr eigenen Geduld und ihrem Gerechtigkeitssinn beigebracht, daß nur der etwas von der Gemeinschaft zu erwarten hat, der auch etwas für sie leistet. Ihr Mann Reinhold ist fürs Kochen zuständig, sie kümmert sich ums Wäschewaschen und den Garten, die vietnamesische Tochter ist Spezialistin fürs Bäumeschneiden, der jüngste, noch im Haus wohnende Sohn führt den Hund aus, bügelt Wäsche und näht Knöpfe an.

Auch wenn das alles nicht so hundertprozentig klappt wie damals, als die perfekte Hausfrau Thea im Haus regierte, so kann Hanna doch gut mit den unvollkommenen Ergebnissen der Haushaltsaufteilung leben, denn sie gewinnt dadurch Zeit für ihre eigenen Interessen. „Der Zufriedenheitsgrad der Frauen", sagt sie und denkt dabei an ihre Schwiegermutter selig, „hängt nun mal nicht von der Sauberkeit ihrer Wäsche ab."

„Du bist mit deiner Mutter verheiratet"

Das Thema der RTL-Talkshow lautete „Ich will, daß endlich Schluß ist." Drei Paare mit Trennungsabsichten ließen sich im Herbst 1995 vor einer Million Zuschauern über ihre Ehen ausfragen. Bei Nicole (heute 27) und Georg (heute 34) war sich der Therapeut am Ende der Sendung ziemlich sicher, daß es nichts mehr zu retten gab. Er riet zur Scheidung. Das aber empörte den religiös geprägten Georg. So einfach, meinte er, dürfe eine Ehe nicht aufgegeben werden, schon mit Rücksicht auf die Kinder nicht.

Noch immer verschloß er die Augen vor dem Offensichtlichen: Nicole wollte ein Leben ohne ihn führen, sie hatte ihren Ehering keineswegs nur aus einer flüchtigen Laune heraus abgelegt. Wäre seine Schwiegermutter (heute 53) nicht sofort bereit gewesen, die Versorgung der drei kleinen Kinder zu übernehmen, hätte sich das Paar irgendwie zusammenraufen müssen. Aber die Schwiegereltern im Nachbarhaus unterstützten ihre Tochter bei allen Maßnahmen gegen Georg und stürzten damit ihren hochempfindsamen Schwiegersohn in eine schwere seelische Krise, die zuletzt in der Abfassung eines (nie abgeschickten) Abschiedsbriefes gipfelte. Darin äußerte er den Wunsch, sich und seine drei kleinen Kinder umzubringen, um ihnen allen großes Leid zu ersparen.

Nicole wuchs in der DDR auf, sie stammt aus einer einfachen, überaus ordnungsliebenden Handwerkerfamilie. Mit achtzehn lernte sie Georg bei einem religiösen Fest in der Tschechoslowakei kennen. Hundertfünfzig Liebesbriefe später war die Mauer gefallen, und sie nutzte die erstbeste Gelegenheit, um in den Westen zu fahren, zu ihrem Verlobten. Nach der teuren, aufwendigen Hochzeit - 200 Gäste, Rolls-Royce-Fahrt, Übernachtung im Romantikschloß - begann der ziemlich konventionelle Ehealltag.

Der Ehemann wünschte nach einem aufreibenden Arbeitstag zuhause Ruhe und Entspannung, die junge Frau verdiente als Schneiderin ein bißchen dazu und erledigte die Hausfrauenarbeit. Bald kam - von beiden ersehnt - ein Sohn zur Welt.

Drei Jahre nach der Hochzeit zieht die junge Familie mit Nicoles Eltern zusammen, die im „Goldenen Westen" vom allgemeinen Wohlstand profitieren wollen. Gemeinsam kaufen Georg und die Schwiegereltern ein Grundstück mit zwei nebeneinander stehenden Häusern und ziehen dort ein. Georg heute: „Das war der größte Fehler meines Lebens". Denn Nicole, die damals gerade Zwillinge erwartete, ist von da an ein Herz und eine Seele mit ihrer Mutter im Nachbarhaus und kapselt sich mehr und mehr von ihrem Mann ab. Sie beurteilt ihn mit den kritischen Augen ihrer Mutter.

5

„Man nimmt Rücksicht aufeinander, jeder braucht jeden. Man teilt vieles, ißt gern zusammen, genießt die Vorteile einer Großfamilie", notiert Georg, der als Kind nie ein intaktes Familienleben kennengelernt hat, noch hoffnungsfroh im Januar 1994. Harmonisch verläuft ein gemeinsamer Urlaub in Teneriffa, obwohl ihm da die beherrschende Stellung der Schwiegermutter in der Familie erst richtig bewußt wird. Ihr Mann, ein zurückhaltender Typ, ein Jahr älter als sie, ordnet sich meistens unter.

Schon ein paar Monate später kriselt es zwischen Georg und den angeheirateten Verwandten, die zugleich seine engsten Nachbarn sind. Sie werfen ihm vor, sich zu wenig an den Arbeiten im Haus und im Garten zu beteiligen und alles seiner ohnehin schon überforderten Frau zu überlassen. Von Mitgliedern seiner Kirchengemeinde hört er, was seine Schwiegermutter über ihn herumerzählt: Er fahre zu spät zur Arbeit und kümmere sich nicht genug um seine Frau.

Mehr und mehr mischen sich die Schwiegereltern in sein Privatleben ein. Die penibeln Beobachter kritisieren, daß er sein Haus mit Straßenschuhen betritt und Schmutz hereinträgt. Oder daß er manchmal vergißt, das Garagenlicht auszumachen, was die Stromkosten hochtreibe. Die Schwiegermutter schiebt ihm einen Zettel zu, auf dem sie die Aufgaben notiert

5

hat, die er zur Entlastung seiner Frau im Haus erledigen soll. Georg ist gekränkt: „Von meinen Nachbarn lasse ich mir nicht vorschreiben, was ich aufräumen soll.“ Es ärgert ihn, daß sich alles nur um Nicole dreht, die er für verwöhnt und undankbar hält.

Die häuslichen Spannungen nehmen zu. Seine Frau verlangt eine vorübergehende Trennung. Sie oder er - einer von beiden müsse gehen. Später drängt sie ihn, mit Rücksicht auf die Kinder auszuziehen. Georg sucht sich ein möbliertes Appartement, geht aber davon aus, daß er weiterhin den dreieinhalbjährigen Sohn und die anderthalbjährigen Töchter besuchen darf und freien Zugang zum Haus und zu seinem Bürozimmer hat. Immer, wenn er vorbeikommt, ist auch die Schwiegermutter zur Stelle. Sie kocht für die Kinder, sie windelt sie, bringt sie ins Bett. Die Vorstellung, daß diese Frau ihn ersetzt, ja alles „doppelt so gut macht wie er“, zermürbt ihn.

Mit seiner Frau kämpft er einen demütigenden Kleinkrieg um das Besuchsrecht. Vor verschlossener Hoftür hört er seine Kinder auf dem Grundstück der Schwiegereltern spielen und darf nicht zu ihnen. Während Georg den Kontakt zu den Kleinen intensivieren will, damit sie weniger unter dem Trennungsschock leiden, fordert Nicole ihn auf, sich zurückzuhalten, um sie nicht in ein „Gefühlschaos" zu stürzen.

Mehr und mehr nimmt das nette, unkomplizierte Mädchen, in das er sich 1987 verliebt hatte, die Charakterzüge ihrer Mutter an: beherrschend und berechnend. Georg darf nach einem Spaziergang nicht mit seinem Sohn zusammen Mittagsschlaf halten, sondern muß im Garten warten, bis die drei Kinder aufwachen. Während er mit ihnen spielt, scherzen Nicole und ihre Eltern mit Gästen im Garten. Die Bekannten werden mit Kaffee und Kuchen bedient. Georg bleibt ausgeladen.

Er fühlt sich, als sei ihm die Heimat abhanden gekommen. Aus dem gemeinsamen Haus ist er vertrieben worden, um Besuchstermine für seine heißgeliebten Kinder muß er betteln, die Geschäfte gehen schlecht, sein Arbeitgeber droht mit Kündigung, seine Schulden wachsen.

Wieder erfährt er von Dritten, daß die Schwiegermutter kein gutes Haar an ihm läßt. Sie klagt, er sei vergeßlich, träge und komme mit den Kindern nicht zurecht. Sein Groll auf sie ist so groß, daß er an einem Besuchssonntag darauf verzichtet, seine beiden Zwillingsmädchen zu sehen, weil er sie bei ihr abholen müßte.

In Georg reift der Widerstand. Jetzt will er sich von seiner Frau und deren Eltern nicht länger zum Hampelmann machen lassen. An einem Samstag nutzt er ihre Abwesenheit, um Schlösser auszuwechseln und wieder in sein Haus einzuziehen. In seinem Bürozimmer, das inzwischen zum Spielzimmer umfunktioniert wurde, richtet er sich häuslich ein. Als Nicole abends von einer Gemeindeversammlung zurückkommt und die Veränderungen entdeckt, ist sie außer sich vor Wut. Ihr Vater weicht ihr, verteidigungsbereit, nicht von der Seite. Georg bleibt äußerlich ruhig, demonstriert dem Schwiegervater aber, daß er „in seinem Haus" nichts zu suchen hat: Er fordert polizeiliche Unterstützung an, um ihn hinauszuwerfen. Die Beam-

5

ten vermitteln und beschwichtigen, Nicole und ihr Vater verlassen den Raum, und Georg schließt sich in sein wiedereroberte Büro ein.

Am nächsten Morgen will er seinen Sohn besuchen, der im Nachbarhaus bei den Schwiegereltern übernachtet hat. Da er keinen Schlüssel besitzt, steigt er über den Balkon und betritt das Wohnzimmer durch die Balkontür. Die Schwiegereltern frühstücken gerade mit ihrem Enkel und einigen Freunden. Der Dreieinhalbjährige bietet seinem Vater einen Stuhl an, doch der Schwiegervater, der Georg den Auftritt vom Vorabend nicht vergeben hat, wirft ihn hinaus.

Georg notiert jetzt: „Man grüßt sich nicht mehr, vermeidet den Blickkontakt...Nicole merkt ja nicht, wie sie mit ihrer eigenen Mutter verheiratet ist, wie alle ihre Gefühle, Empfindungen und Meinungen völlig auf einer Wellenlänge liegen. Wenn es weitergehen soll, dann nur fernab der Eltern."

Als die Schwiegermutter das Essen für die Kinder in „sein" Haus bringen will, verbietet er ihr den Eintritt. Zornig weist ihn Nicole zurecht: Meine Mutter bleibt hier. Georg wirft seiner Frau vor, sie könne die Kinder gar nicht allein versorgen, sie sei ganz und gar auf ihre Mutter angewiesen, ja ihren Eltern hörig.

Als Georg das Haus verlassen hat, verschafft Nicole sich den Zugang zu seinem - verschlossenen - Büro. Dort entdeckt sie zwischen seinen Akten den erwähnten, an Georgs Bruder gerichteten Abschiedsbrief, in dem er seine Suizidabsichten offenbart und die Tötung seiner Kinder erwägt. Helles Entsetzen. Nicole und ihre Eltern sind überzeugt davon, daß den Kindern durch Georg unmittelbare Gefahr droht. Sie erreichen mit einer einstweiligen Anordnung, daß er das Haus räumen und sich von einem Psychiater untersuchen lassen muß. Das Sorgerecht für die Kinder geht auf Nicole über.

Georg glaubt, daß er durch seine Sanftmut, seine Passivität und sein ständiges Nachgeben in seine ausweglose Lage gekommen ist. Nicole habe sich emanzipiert und immer härter durchgesetzt, während er dem verlorenen Stück Heimat nachtrauerte. Er bekommt Herzschmerzen und tiefe

Depressionen, weil Nicole nicht zur Versöhnung bereit ist. Seinen fortschreitenden Haarausfall führt er auf inneren Streß zurück.

Jetzt fordern ihn die Schwiegereltern auch noch über einen Rechtsanwalt auf, ihnen 50.000 Mark zu bezahlen. Das ist die Rückerstattung einer Erbvorauszahlung an Tochter Nicole, die ihr und ihrem Mann als Startkapital für das Eigenheim diente. Freunde versuchen vergebens, zwischen den streitenden Parteien zu vermitteln. Die Schwiegereltern wollen mit Georg nichts mehr zu tun haben, auf seinen Versöhnungsversuch gehen sie nicht ein. Eines Tages findet er sogar den Briefkastenschlitz am Tor verschlossen vor. Jetzt kann er nicht einmal mehr Blickkontakt zu seinen im Hof spielenden Kindern aufnehmen.

Nicole und ihre Eltern haben ihrem Rechtsanwalt erzählt, Georg sei „umgangsuntauglich, schwerhörig und psychisch gestört". Doch wenn er mehr Unterhalt zahle, könne er die Kinder häufiger sehen. „Hier entlarven sie sich", bemerkt der Ausgestoßene bitter. Sie seien jetzt nur noch auf sein Geld aus. Als Trost bleibt ihm, daß ihm das Gericht recht gibt und alle gegen ihn vorgebrachten Vorwürfe zurückweist. Das Besuchsrecht wird großzügig ausgelegt, seine Kinder halten zu ihm.

Ein Ende der Auseinandersetzungen zwischen den Eheleuten ist noch nicht in Sicht, eine Versöhnung unwahrscheinlich, zumal Nicole - mit Billigung ihrer Eltern - jetzt einen Freund hat. Ihr Noch-Ehemann Georg glaubt, daß die Auseinandersetzungen nie so weit eskaliert wären, wenn sich seine Schwiegermutter zurückgehalten und nicht so entschieden Partei für ihre Tochter ergriffen hätte.

Warum hat's hier gekracht?

Nähe macht aggressiv

Wenn zwei oder drei Generationen unter einem Dach zusammenwohnen, wie es in früheren Jahrhunderten die Regel war, prallen nicht nur verschiedene Temperamente, sondern auch unterschiedliche Lebensvorstellungen, Toleranzgrenzen, Biorhythmen und Erziehungsformen aufeinander. Doch anders als früher ist die Familie heute keine einander auf Gedeih und Verderb ausgelieferte Arbeits- und Schicksalsgemeinschaft mehr, sondern eine Ansammlung von Individuen. Ihre Mitglieder gleichen modernen Nomaden, von denen jeder täglich seine eigenen Erfahrungen macht, sei es im Kindergarten, der Schule, im Verein, im Haushalt oder am Arbeitsplatz. Die Heimkehrenden haben nicht immer Lust, die anderen Hausbewohner an ihren Erlebnissen unmittelbar teilhaben zu lassen, vor allem jene nicht, die an jede Äußerung das Raster ihres eigenen Werteschemas und ihrer früheren Erfahrung anlegen, statt gefühlsmäßig Anteil zu nehmen. Auch ist Familie längst nicht mehr alles: Von gleichaltrigen Freunden und Bekannten, Wahlverwandten also, fühlen sich viele besser verstanden als von Blutsverwandten.

Viele ältere Hausbesitzer ahnen - und wollen es vor sich nicht zugeben - daß ihre Kinder nur aus Kosten- oder anderen praktischen Gründen und nicht aus Liebe und freier Entscheidung mit ihnen zusammenwohnen. Da ihnen das Haus gehört, neigen sie dazu, ihre Macht auszuspielen, wenn sie sich von den

Jüngeren übersehen oder übergangen fühlen. Sie pochen auf ihr Recht, beachtet zu werden. Es ist oft das einzige Druckmittel, das ihnen noch bleibt. Sie bestimmen, was im Haus verändert werden darf oder spielen ihre Kinder gegeneinander mit der Aussicht auf die spätere Hausüberschreibung aus.

Im gemeinsam bewohnten Haus wird oft der Respektsabstand nicht gewahrt, auf den ein nichtverwandter Hausbewohner ganz selbstverständlich Anspruch hätte. Durch zuviel ständige Nähe mit der anderen Hauspartei und zuwenig Platz, um ihr zeitweise aus dem Weg zu gehen, fühlen sich Schwiegerkinder - seltener die (genügsamer aufgewachsenen) Schwiegereltern - genervt, eingeengt, kontrolliert oder mit Worten und Blicken kritisiert. Die Lunte ist gelegt, und jetzt bedarf es nur noch eines Fünkchens, um den Familienkrieg anzufachen.

Rainer, Kerstin, Georg und Hanna zogen mit ihren Schwiegereltern zusammen, ohne deren Familienspielregeln zu kennen. Durch Ausprobieren mußten sie herausfinden, welche stillschweigenden Erwartungen und Forderungen an sie gestellt wurden und vor allem, ob sie darauf eingehen konnten, ohne das Maß des für sie Erträglichen zu überschreiten.

Rainer enttäuschte seine Schwiegereltern, weil er um keinen Preis eine jüngere Kopie seines Schwiegervaters werden wollte, der sich eine andere Lebensweise als seine eigene nicht vorstellen kann. Mit seiner Anti-Haltung kritisierte der Schwiegersohn unausgesprochen den Lebens- und Erziehungsstil seiner Schwiegereltern. Der Handwerksmeister aber bezieht einen großen Teil seines Selbstwertgefühls aus seiner dominierenden Stellung in „seinem“ Haus, die ihm Frau und Tochter nie streitig zu machen wagten. Als „Platzhirsch“ konnte er die Konkurrenz in Gestalt des Schwiegersohns nicht ertragen. Er vermieste seiner eingeschüchterten Tochter systematisch den

Ehemann, um im Haus wieder uneingeschränkt das Sagen zu haben. Diese Einflußmöglichkeiten hätte er nicht gehabt, wenn die beiden Familien rechtzeitig auseinandergegangen wären. Als unselige Klammer erwies sich hier wie auch bei Kerstin die finanzielle Abhängigkeit von den Schwiegereltern.

Georg hat eine große Sehnsucht nach Ordnung und Geborgenheit und erhofft von seiner Frau emotionale Sicherheit. Er weigert sich, die Signale zur Kenntnis zu nehmen, mit denen sie auf ihre eigenen, ganz anderen Bedürfnisse aufmerksam macht. Im Grunde wünscht er sich Verbündete, die genauso bedingungslos zu ihm halten wie seine Schwiegereltern zu seiner Frau. Nicht nur das Verhalten Nicoles enttäuscht ihn, auch die allzu schnelle Bereitschaft ihrer Eltern, ihren Schwiegersohn wie einen feindlichen Fremden zu behandeln und systematisch auszugrenzen. Für Georg mit seiner unstillbaren, vielleicht überidealisierten Familiensehnsucht wäre das Zusammenleben mit der älteren Generation möglicherweise eine geeignete Wohnform - nur fehlen ihm dafür die geeigneten Schwiegereltern.

Er will als Erwachsener nachholen, was er als Kind nicht gehabt hat. Sicherlich gibt es auch Schwiegereltern, die - wie das spätere Kapitel „Der Mann mit den fünf Schwiegermüttern" zeigt - eher die Partei ihres Schwiegersohnes als die der Tochter ergreifen. Georg aber genügte den hohen Erwartungen nicht, die seine Schwiegermutter an den Mann ihrer Tochter stellte und die auch die Tochter übernahm. Durch seinen unglücklichen Selbstmordbrief, in dem er die Tötung seiner Kinder als Lösung zur Beendigung der Familienzerwürfnisse in Erwägung zieht, verbaut er sich alle Wege zu einer Verständigung. Nicht seine Verzweiflung und Einsamkeit wird wahrgenommen, sondern die mögliche Bedrohung, die er für seine geliebten Kinder darstellen könnte. Georg durchleidet alle Phasen des Familienkriegs: Er wird als faul und schlampig dargestellt, nicht mehr gegrüßt und beachtet, er muß die Justiz bemühen, um zu seinem Recht zu kommen, und er wird schließlich auch noch finanziell unter Druck gesetzt. Das sind große Hypotheken, die die Beziehung zu den Schwiegereltern sicherlich weiterhin belasten werden, obwohl sich alle Parteien im Interesse der Kinder „erwachsener" verhalten müßten.

Hanna und Kerstin haben (oder hatten) das Pech, mit Schwiegermüttern zusammenleben zu müssen, deren Nähe und Bekanntschaft sie unter anderen Umständen gemieden hätten. Die Unterschiede zwischen den Frauen der beiden Generationen hinsichtlich Bildung, Berufstätigkeit, Kontaktfreude und Flexibilität sind oder waren weitaus größer als die Gemeinsamkeiten. Immerhin: Die Toleranz der Schwiegertöchter ermöglicht(e) eine friedliche Koexistenz. Hanna hat lange Zeit vermeiden können, ihrer Schwiegermutter da in die Quere zu kommen, wo sie sich als Expertin fühlte: beim Kochen und Backen. Kerstin macht ganz pragmatisch das Beste aus ihrer Situation: Sie nutzt die spärlichen Hilfsangebote ihrer Schwiegermutter bei der Kinderbetreuung und sucht sich im übrigen ihre Kontakte außerhalb des Hauses, zum Beispiel in einer Mütter-Kinder-Gruppe.

In Familienberatungsstellen beklagen die mit ihren Schwiegereltern zusammenwohnenden Schwiegertöchter oft, daß ihre Privatsphäre nicht geachtet werde. Mit den Worten „raus aus den Betten, was sollen denn die Leute von uns denken?" betrat eine Mutter mittags das Schlafzimmer von Sohn und Schwiegertochter und zog die Rolläden hoch. Eine Bäuerin aus dem Rheinland hielt es für ihr gutes Recht, jederzeit das Schlafzimmer ihres Sohnes zu betreten, auch wenn er gerade mit seiner Frau schmusen wollte. Sie konnte nicht verstehen, warum das ihrer Schwiegertochter nicht recht war. Das hatte sie doch immer so gehalten...

5

- *Erster Fehler:* Von den vielen Fehlern, die beim Zusammenleben unter einem Dach gemacht werden können, ist die ungebetene, taktlose Einmischung der gravierendste. Hier helfen nur klare Aus- und Absprachen: Der Herrschaftsbereich der älteren Herrschaften muß vor der Tür der Sohnes- oder Tochterfamilie enden. Was dort geschieht, geht sie nichts mehr an. Jenseits dieser magischen Grenze gelten die Regeln der jungen Familie. Umgekehrt müssen sich die Älteren auch in ihrem Reich von Kindern, Schwiegerkindern und Enkeln nichts gefallen lassen, was sie stört. „Mein Haus ist meine Burg" - das gilt für beide Parteien.
- *Zweiter Fehler:* Falsche Erwartungen. Zum Dank dafür, daß sie ihrem Sohn den Hausbau ermöglicht hatte, bekam seine verwitwete Mutter eine Einliegerwohnung. Sie glaubte, nunmehr ständig am Familienleben ihres Sohnes teilhaben zu dürfen und war schockiert darüber, daß ihre Schwiegertochter sie nur zu vorher abgesprochenen Zeiten um sich haben wollte. Wann Nähe und wann Distanz angebracht ist, können viele Menschen nicht erspüren. Man muß es ihnen deutlich machen. Viele fassen Abgrenzung fälschlich als Beleidigung auf. Dabei ist sie ein Schutzwall, der verhindert, daß sich Menschen auf die Nerven fallen oder aggressiv werden.
- *Dritter Fehler:* Toleranzmangel. Wer unter einem Dach mit einer anderen Generation zusammenlebt, kennt die Gewohnheiten und Schwächen der anderen Partei bald zu genau. Er bekommt davon mehr mit als ihm lieb ist, weil die Wohneinheiten meist nicht so gut abgetrennt und schall-

isoliert sind wie in Mehrfamilienhäusern. Der eine geht früh ins Bett, der andere dreht nachts gerne die Rockmusik auf. Die eine hält ihre Küche so in Schuß, daß Besucher dort jederzeit vom Boden essen könnten. Der anderen ist es viel wichtiger, mit Freundinnen etwas zu unternehmen. Sie kann mit den Wollmäusen unterm Sofa und ungemachten Betten guten Gewissens leben.
Die Zeit hat sich verändert. Der Wandel freilich ist angenehmer für die Jüngeren, weil er ihnen mehr Freiheiten bringt. Die Älteren, in der Regel sind sie die Hauseigentümer, haben noch gelernt, daß Ordnung, Sauberkeit und Fleiß die höchsten Tugenden sind. Sie können nicht begreifen, warum die Jüngeren damit so salopp umgehen. Wer jahre-, ja jahrzehntelang gespart und sich nichts gegönnt hat, um ein Haus für sich und die Nachkommen zu bauen, wird nicht tolerieren können, wie locker und sorglos junge Leute heutzutage das Geld ausgeben. Ein Sprichwort sagt: „Jeder ist mehr das Kind seiner Zeit, als das seiner Eltern". Eltern, die das nicht akzeptieren, sollten sich lieber zahlende Mieter als die eigenen erwachsenen Kinder ins Haus holen.

- *Vierter Fehler:* Illoyalität. Über sieben Ecken erfuhr eine Schwiegertochter, daß ihre Schwiegermutter im Dorf über sie herzog. Wie unmöglich sie ihr Kind erzieht. Wie schlecht sie kocht. Wic lieblos sie mit ihrem Mann umgeht. Sie machte alle Welt zu Verbündeten gegen ihre Schwiegertochter, die in ihrem Haus lebt, anstatt sie direkt auf ihre Beobachtungen anzusprechen. Wie kann sich eine „Eingeheiratete" bei dieser Art von Verrat noch wohl fühlen?
  Was im Haus schiefläuft, muß dort ausdiskutiert werden - und nicht auf dem Marktplatz.

Wie läuft's besser?

Abgrenzen oder Ausziehen

Keine der Hausparteien darf sich in das Leben der anderen einmischen. Die Jungen sind nicht dazu da, den Älteren ständig Gesellschaft zu leisten - und die Älteren nicht für die Dreckarbeiten, für die die Jüngeren zu bequem sind. Die Älteren sollen ihr Leben nicht nach dem der Jüngeren ausrichten und ihren Frust und Unmut nicht auf ihnen abladen. Keiner soll sich ausgenutzt und keiner übervorteilt fühlen. Das geht aber nur, wenn im Haus mit freundlicher Bestimmtheit die einzelnen Terrains abgesteckt werden. Küchen und Schlafzimmer sollten für die jeweils andere Generation Tabuzonen sein, die nie ohne Erlaubnis oder Einladung betreten werden dürfen. Es mag für manche Schwiegermütter mit Ordnungssinn schwer zu ertragen sein, daß sie mit ihrem Angebot, in der anderen Wohnung sauberzumachen, regelmäßig abblitzt. Schlecht für die Wohnung - aber gesünder fürs Familienklima.

Wenn kein friedliches Zusammenleben möglich ist, sollte das junge Paar nach Wegen suchen, um sich von den Älteren abzugrenzen oder unabhängig zu machen. Ist ein Auszug (aus finanziellen Gründen) nicht möglich, sollte das Paar den Eltern gegenüber als geschlossene Einheit auftreten und deutlich machen, daß es sich von ihnen nicht auseinanderbringen läßt. Da es inzwischen Tagesmütter gibt, sind Schwiegertöchter (in der Stadt eher als auf dem Land) auch nicht unbedingt auf die Kinderbetreuung durch ihre Schwiegermütter angewiesen. Sie können zum Beispiel mit anderen jungen Frauen private Krabbelgruppen gründen. Mitunter trägt eine solche Distanzierung auch wieder zur Nähe bei: Die Schwiegermutter merkt, daß sie in ihren traditionellen Funktionen ersetzbar ist und gibt sich unter dem Druck der unerwarteten Konkurrenz mehr Mühe, ihrer Schwiegertochter zu gefallen und besser auf ihre Bedürfnisse einzugehen - zum Wohl beider Seiten.

5

Denen man nicht vergibt

„Das Kind ist nicht von meinem Sohn“

6

An Hannos viertem Geburtstag machte Angelika (30) reinen Tisch. „Bei uns hast du Hausverbot“, schrie sie ihren Schwiegervater an, als er mit Geschenken beladen in die Kindergeburtstagsrunde platzte und sich wie immer in den Mittelpunkt spielte. Die Geschenke-Orgie des Opas kam ihr unpassend und seine Freundlichkeit wie pure Heuchelei vor. Er und Schwiegermutter Rita hatten in ihrem Bekanntenkreis das Gerücht gestreut, sie dürften ihre Schwiegertochter nie mit leeren Händen besuchen. Glatt gelogen, ärgert sich Angelika, die verwechseln mich mit sich. Sie sind es

doch, die soviel Wert auf das Materielle legen und deren Denken immer nur um Häuser, Autos und Besitz kreist.

Angelika kann dafür viele Beispiele nennen. Ein Vorfall aber war für sie „das allerletzte“: Die Schwiegereltern wollten eines ihrer Häuser an Angelikas Mann, ihren ältesten Sohn Alex, verkaufen - allerdings nur unter der Bedingung, daß es Angelika im Falle von Alex' Tod innerhalb eines Monats räumen würde. Ungeheuerlich, tobte Angelika. Später redeten sich die Schwiegereltern darauf heraus, dies sei „ein Mißverständnis“ gewesen.

An Hannos viertem Geburtstag hatte Angelika die Kräche, Anfeindungen und irrationalen Beschuldigungen ein für allemal satt. Es war der Tag ihrer endgültigen Scheidung von ihren Schwiegereltern. Ein flüchtiger Kontakt hatte ohnedies nur noch mit dem Schwiegervater bestanden, zwischen ihr und der knapp sechzigjährigen Schwiegermutter Rita herrschte schon seit langem Funkstille.

Alex, Angelikas Mann, läßt seine Frau gewähren, mischt sich in den Zwist nicht ein, will aber beide Seiten auch nicht zur Versöhnung aufrufen. Da er die Verbindung zu seinen Eltern nicht abbrechen mag, besucht er sie an jedem zweiten Weihnachtsfeiertag, an Ostern und an ihren Geburtstagen. Immer allein, ohne Frau und Kinder. Angelika sagt mit unüberhörbarem Groll: „Er nimmt wahnsinnige Rücksicht auf seine Eltern. Es muß da zwischen ihnen eine Beziehung geben, die ich nicht kenne.“

Die früheren gemeinsamen Besuche bei den Schwiegereltern, meist mit Einladungen zum Essen verbunden, liefen immer gleich ab: Angelika fühlte sich „seiner Familie ausgeliefert“ und bemühte sich, Konversation zu machen. Die Schwiegermutter wollte „die Kinder vorgeführt haben“, möglichst brav und pflegeleicht sollten sie sein und nicht stören. Alex verkroch sich in irgendein Zimmer und las Zeitung. Er zog, wie Angelika es nennt, „einfach die Klappe runter“. Die beiden Frauen spülten gemeinsam ab. Angelikas zaghafte Ausspracheversuche in der Küche blieben ohne Echo.

An Weihnachten pflegte man sich in schöner Regelmäßigkeit zu verkrachen und sprach bis Ostern kein Wort mehr miteinander. Bei einem dieser

Kräche schwärzte Rita ihre Schwiegertochter bei deren kleinen Töchtern an: „Eure Mutter ist eine Lügnerin!“ Die Kinder waren verstört, Angelika rang um Fassung.

Nur selten, dann aber ganz massiv, zeigen die Schwiegereltern Interesse an ihren drei Enkeln, die inzwischen neun, sieben und vier Jahre alt sind. Eine herzliche Oma war Rita nie. Bei der Geburt der zweiten Enkeltochter äußerte sie bedauernd, ihr Sohn Alex könne sich jetzt wohl nicht mehr scheiden lassen, weil er sich dann ja dumm und dämlich bezahlen müsse.

6

Auf die beiden Mädchen folgte Hanno, der vom Schwiegervater heiß ersehnte und mit Champagner gefeierte Stammhalter, ein blondes, blauäugiges Kerlchen. Rita freute sich nicht über seine Geburt. „Blonde Blauäugige gibt's in unserer Familie nicht“, behauptete sie. Das Kind könne daher nicht von ihrem dunkelhaarigen Sohn stammen. Da war die hellblonde Angelika sprachlos. Was unterstellte ihr Rita da? Wie konnte sie nur ignorieren, daß ihre Schwiegertochter aus einer „blonden“ Familie stammt? Warum dieser Schlag unter die Gürtellinie?

Letzte Weihnachten machten die Großeltern den drei Kindern nach längerer Sendepause plötzlich wieder einmal Geschenke - sogar rückwirkend für die Geburtstage -, und Oma Rita schrieb ihnen, daß sie auf ihre Anrufe warte. Kein Wort, kein Gruß für Angelika. Es war, als existiere sie nicht.

Von Anfang an hielt Schwiegermutter Rita Distanz zur Frau ihres ältesten Sohnes und behandelte sie wie einen unerwünschten Gast. Angelika: „Es war nie der Versuch da, eine Beziehung zu mir aufzubauen. Sie hat wohl immer gehofft, daß ihr Ältester eine andere kriegt.“ Mit siebzehn lernte sie Alex kennen, und schon damals erstaunte es sie, wie wenig seine Eltern sich für seinen Freundeskreis interessierten. Ihre eigene Familie nahm an allem Anteil, doch zwischen Alex, seinem jüngeren Bruder und seinen Eltern herrschte immer ein gereizter Umgangston. Ein subtiler Machtkampf spielt sich zwischen Vater und Mutter ab. Beide wollen dominieren und das letzte Wort behalten, auch in ihrem Bekannten- und Verwandtenkreis.

Alex konnte Angelika nie erklären, warum die beiden geradezu versessen darauf sind, anderen Leuten ihren Willen aufzuzwingen. Aber die unterschwellig aggressive häusliche Atmosphäre hatte ihn in seiner Jugendzeit so genervt, daß er noch während der Ausbildungszeit auszog, obwohl sein mageres Gehalt kaum zum Leben reichte.

Es gab eine Zeit, in der Angelika auf die Unterstützung ihrer Schwiegermutter gehofft hatte. Als ihre Töchter noch sehr klein waren, wollte sie ihr Studium abschließen. Sie glaubte, für die Kinderbetreuung außer ihrer Mutter und einer Tagesmutter auch Schwiegermutter Rita einspannen zu können. Doch ihre Schwiegermutter - sie wohnt 20 Kilometer entfernt - sträubte sich und stellte Bedingungen. Angelika möge ihr doch bitteschön die Kinder vorbeibringen, verlangte sie. Weil das Jüngste aber alle zwei Stunden gestillt werden mußte, lohnte sich für Angelika der Fahraufwand nicht.

Rita schien sie ganz bewußt nicht entlasten zu wollen, sonst wäre sie zu ihr ins Haus gekommen. An der Entfernung zwischen den beiden Wohnorten konnte es gewiß nicht liegen, denn die Schwiegermutter besitzt ein Auto und fährt jede Woche am Haus von Alex und Angelika vorbei, um auf einem abgelegenen Bauernhof frische Eier einzukaufen.

Als Angelika wegen eines Arztbesuchs dringend einen Babysitter brauchte, täuschte Rita „dringende Angelegenheiten" vor. Angelika traf sie nach der Untersuchung zufällig in der Kreisstadt wieder: eingehakt bei einer Freundin, betrachtete sie die Schaufensterauslagen.

Angelika hat zwar endgültig mit ihren Schwiegereltern abgeschlossen, versucht aber immer noch, Erklärungen für das feindliche Verhalten ihrer Schwiegermutter zu finden, die sich lieber ihrem Hobby Puppenbasteln als ihren Enkeln widmet.

Verwandte ihres Mannes konnten ihr schließlich bei der Lösung des Beziehungsrätsels weiterhelfen. Alex sei kein Wunschkind gewesen, verrieten sie ihr. Rita habe es als große Schande empfunden, daß ihr ältester Sohn vor ihrer Hochzeit zur Welt kam - unehelich. Tagsüber mußte sie das Kind zu ihrer Schwiegermutter bringen, um Geld verdienen zu können, abends holte sie den Kleinen ab. Ihre Tage bestanden aus Arbeit und Hetze, und in den Nächten raubte ihr das schreiende Baby den Schlaf. Auf

6

Alex' Vater konnte Rita damals nicht zählen. Er brauchte Monate, um sich von einem Motorradunfall zu erholen und wieder arbeitsfähig zu werden.

In dieser schweren Zeit ruhte die ganze Verantwortung auf Rita, der überlasteten jungen Mutter. Sie schuftete und gönnte sich nichts. Aber darüber hat sie nie mit Angelika gesprochen.

Zu alt für den Lieblingssohn

Strenge Züge, umrahmt von blondem Lockengeriesel: „Das ist Charlotte, meine Mutter", stellte Gino (20) die herbe Frau mit der koketten Frisur seiner künftigen Ehefrau Gabi (25) vor. Charlotte hatte einen Gesundheitsfimmel. Unwillkürlich muß ihre Schwiegertochter Gabi auch heute noch an die kleinen grünen Punkte zwischen Ginos Zähnen denken, die sie beim Küssen so irritiert haben. Das waren Petersilienreste - von „Mamutschkas" täglichen, gesunden, vitaminreichen Salaten. Damals, 26 Jahre ist das nun schon her, machte sich Gabi einen Spaß daraus, den gefügigen Zwanzigjährigen von Mutters Küchenschürzenzipfel hinweg zum sündigen Currywurstessen zu verführen.

Die Frauen duzten sich schnell. Manchmal war Charlotte überraschend offen zu ihrer künftigen Schwiegertochter Gabi, die aus ihrer ersten, geschiedenen Ehe ein Kind mitbrachte. Aber warum erzählte ihr Charlotte im Verschwörerton, Gino sei ihr Lieblingskind und das Ergebnis eines Seitensprungs? Warum betonte sie, daß sie in ihrem Leben niemanden so geliebt habe wie seinen Vater, einen leider verheirateten Architekten? Gabi wußte nicht, was sie zu diesem Bekenntnis sagen sollte. Litt Gino etwa unter seiner Herkunft? Wenn dies für ihn von Bedeutung sein sollte, wollte sie das lieber von ihm selbst erfahren als von seiner Mutter.

Gabi interessierte sich eigentlich nur für Gino - und Gino nur für sie. Daß er fünf Jahre jünger war, störte beide nicht. Nur Charlotte stichelte und berührte diesen wunden Punkt immer wieder. Der kleine Altersunterschied schien ein großes Problem für sie zu sein, obwohl - oder weil? - ihr zweiter Ehemann ebenfalls jünger war als sie. Keine imponierende Erscheinung übrigens, eher ein farbloser Typ, „ein Nichts“, wie Gino und seine beiden Schwestern mitleidlos über den Ersatzvater urteilten. Aber er brachte Geld ins Haus und akzeptierte widerstandslos Charlottes strenge Ansichten, ihre nicht gerade von Nächstenliebe geprägte, starre Frömmigkeit und ihren Drang, immer alles und alle unter Kontrolle zu haben. Nur bei ihrer Schwiegertochter Gabi ging das schief: Die war jugendlich unbekümmert, blühte in ihrem Beruf auf, hatte einen großen Bekanntenkreis und wäre nie auf die Idee gekommen, sich Charlotte unterzuordnen.

Noch immer sieht Gabi Ginos Kinderzimmer vor sich, aus dem sie ihn, wie sie mit bitter gekräuseltem Mund erzählt, eines schönen Tages „entführt“ habe. Gino wechselte nahtlos vom Haushalt seiner „Mamutschka“ in die Wohnung seiner Frau, von der einen Beschützerin und Ernährerin zur nächsten über. Er war zwanzig und wollte Architekt werden wie sein leiblicher Vater. Gabi verdiente derweil das Geld für die Familie. Sie arbeitete vormittags am Gericht und nachmittags zuhause, um auf ihren kleinen Sohn aufpassen zu können. Gino studierte und erreichte nach einigen Jahren sein Berufsziel. Heute ist er ein erfolgreicher Architekt in den neuen Bundesländern.

Bei den jungen Eheleuten war die Schwiegermutter ein sehr seltener Gast. Charlottes ganze Kraft und Aufmerksamkeit wurde von ihren beiden Töchtern beansprucht, deren Ehen in die Brüche gingen. Zu ihrem Sohn Gino sagte „Mamutscka“ manchmal beiläufig, er solle sich doch endlich eine jüngere Frau zulegen. Als Gino tatsächlich nach ein paar Ehejahren begann, Gabi zu betrügen, war seine Mutter über seine Seitensprünge informiert und deckte ihn. „Das kann man doch verstehen, daß ihm eine junge Frau gefällt“, äußerte „Mamutschka“ gegenüber der tief verletzten Gabi. Es paßte Charlotte gar nicht ins Konzept, daß die beiden sich wieder versöhnten, Gabi schwanger wurde und Gino sich durchaus auf den künftigen Stammhalter freute.

Als Charlottes jüngere Tochter ein Kind bekam, gab die stolze Großmutter in der Zeitung eine große Jubelanzeige auf. Die Geburt von Gabis und Ginos Sohn nahm sie kaum zur Kenntnis. Es war, als ob ihr dieser Enkel peinlich wäre, als ob sie ihn totschweigen wollte.

In ihrem Wohnzimmer hängte Großmutter Charlotte Fotos von allen Familienangehörigen auf. Nur zwei Personen fehlten: Gabi und ihr kleiner Sohn. Das entging Gabi nicht, machte sie erst wütend, dann traurig. Warum lehnte diese Frau den Sohn ihres Lieblingssohns ab? Weil er nicht nur Ginos, sondern auch Gabis Kind war?

6

Erfreut bemerkte Charlotte, daß sich Gino wieder einmal verliebt hatte - und diesmal war es keine flüchtige Affäre. Für die andere, jüngere Frau setzte er seine Ehe mit Gabi aufs Spiel. Geradezu überschwenglich begrüßte seine Mutter die Rivalin ihrer Schwiegertochter.

Gabi riß aus, weil die häuslichen Zustände für sie unerträglich geworden waren. Sie flüchtete zu Freunden und ließ ihren zweijährigen Sohn bei dem verdutzten Gino zurück. Sollte er doch sehen, wie er mit der verfahrenen Situation fertig wurde, wie er Kind und Beruf unter einen Hut kriegte. Warum mußte immer sie sich Lösungen einfallen lassen und zurückstekken, es war ja schließlich auch sein Kind!

Zwei Tage später erfuhr Gabi von Freunden, daß der bequeme Gino den Kleinen einfach bei seiner Mutter abgeliefert hatte. Sie war entsetzt: Er hatte seinen Sohn also einer Frau ausgeliefert, die das Kind ganz offenkundig nicht liebte. In Begleitung einer Freundin traute sie sich, zu Charlotte zu gehen und die Herausgabe ihres Kindes zu verlangen. Die Schwiegermutter reagierte so kühl, als wenn sie eine Fremde vor sich hätte. Sie übergab ihr das müde Kerlchen mit der sachlichen Bemerkung, er brauche jetzt bald ein Fläschchen.

Seitdem hat Gabi, die längst von Gino geschieden ist, Charlotte nicht mehr gesehen oder gesprochen, aber sich oft gefragt, warum ihre Schwiegermutter sie so feindlich behandelt hat. Sie findet dafür nur eine Erklärung: Charlotte neidete ihr ihre Berufstätigkeit, ihre innere Zufriedenheit, die Verliebtheit, überhaupt die Leichtigkeit ihres damaligen Lebens.

Denn Charlotte, Tochter aus gutem, preußischen Hause, konnte sich ihre Wünsche nie erfüllen. Sie bekam weder den geliebten (verheirateten) Mann, noch einen Beruf, der sie ausfüllte. Nach dem Selbstmord ihres ersten Mannes und der Flucht aus der DDR mußte sie sich und ihre drei kleinen Kinder im Westen mühsam als Weißnäherin ernähren. Das war unter ihrem Bildungsniveau und befriedigte sie nicht. Notgedrungen schloß sie Kompromisse, immer wieder, auch in der Ehe mit dem jüngeren Mann. Sie mißgönnte Gabi das Glück mit Gino, weil sie selbst kein Glück im Leben hatte.

6

„Wenn ich bei ihr bin, ist der Hals wie zu"

Im Glasrahmen der Wohnzimmertür steckt eine Postkarte mit der Aufschrift „Nicht alle lachen, die lachend erscheinen, ich habe oft gelacht, um nicht zu weinen". Der nachdenkliche Blick Giselas fällt manchmal darauf, während sie zögernd die Kränkungen schildert, mit denen Monika (41), die Frau ihres Sohnes Klemens (46), sie während der vergangenen zwanzig Jahre vor den Kopf gestoßen hat.

Die frühere Sekretärin Gisela (78) will sich keinen Ärger mehr aufhalsen, sie strebt an ihrem Lebensabend nur noch eins an: Ruhe und Frieden. „Ein Glück, daß sich wenigstens meine vier Kinder so gut miteinander vertragen," tröstet sich die Stuttgarterin über ihre anstrengende und manchmal auch deprimierende Beziehung zu Monika hinweg. Auf Familienharmonie bedacht, hat Gisela ein paar Vermeidungstaktiken entwickelt, um es gar nicht erst zu den voraussehbaren Meinungsverschiedenheiten zwischen der herrischen Schwiegertochter und den anderen Familienmitgliedern kommen zu lassen.

Vor Weihnachten zum Beispiel lädt sie ihre Großfamilie zum Essen ein. An dem eigentlichen Festtag verreist sie meist, damit die drei Söhne und die Tochter mit ihren Familien für sich feiern können. Das macht sie schon seit Jahren, um Monika keine Gelegenheit zu geben, die Familie auseinanderzusprengen. Denn ihre Tochter, die beiden älteren Söhne und ihre Frauen würden den Kontakt zu der schwierigen Monika am liebsten sofort abbrechen, wenn sie nicht Rücksicht auf das Harmoniebedürfnis ihrer Mutter und die Gefühle ihres Bruders Klemens nehmen würden. Monika kommt zu den vereinbarten Terminen prinzipiell zu spät, es ist, als wolle sie den Krach, den Gisela mit allen Mitteln zu verhindern versucht, geradezu provozieren.

Wie Klemens es mit Monika aushält, weiß selbst seine Mutter nicht so genau. Auch seinen Brüdern und der Schwester gegenüber äußert sich Klemens nicht über seine Ehe. Nur eins ist offensichtlich: Monika und er hängen mit großer Liebe an ihren beiden Kindern, für die eine Trennung der Eltern katastrophal wäre. Klemens tue ihr leid, gesteht Gisela. Er, der immer schon der weichste und nachgiebigste ihrer Söhne war, scheint der

Herrschsucht seiner Frau wenig entgegensetzen zu können. Mit seiner Mutter will er nicht über sie sprechen. „Glücklich ist er nicht“, ahnt diese.

Monikas Stimmungen schwanken, im Abstand weniger Minuten kann sie garstig, und dann wieder freundlich sein. Immerhin glaubt Gisela, in letzter Zeit positive Veränderungen in ihrem Verhalten bemerkt zu haben: „Seit sie wieder arbeiten geht, ist es mit ihr etwas besser geworden.“ Ihre Schwiegertochter sei durchaus beliebt bei den Kindern des Kindergartens, dessen Leitung sie übernommen hat, wundert sie sich.

Fünfzehn Minuten Fußweg liegen zwischen dem Stuttgarter Dreifamilienhaus, in dem Gisela mit der Familie ihres ältesten Sohnes in Harmonie lebt, und dem Haus von Klemens und Monika. Und doch drückt sich die Achtundsiebzigjährige vor allzu häufigen Besuchen. „Wenn ich dort bin, ist mir der Hals wie zu. Ich beiß' mir auf die Lippen, weil jedes falsche Wort von Monika kritisiert wird, sie liegt geradezu auf der Lauer nach Fehlern.“ Auf Erziehungsratschläge reagiere die Schwiegertochter giftig: „Halte du dich da raus, du hast doch gar keine Ahnung.“

Nichts könne man Monika recht machen, seufzt die grauhaarige Gisela resignierend. Niemals habe die Schwiegertochter ein Geschenk von ihr behalten, alles systematisch umgetauscht und die selbstgestrickten Sachen für die Enkel für „unmöglich“ erklärt. Jetzt schenkt Gisela nur noch Geld, da kann sie nichts falsch machen.

Sie wird aus ihrer Schwiegertochter einfach nicht schlau. Als sie im vorigen Jahr viermal stationär im Krankenhaus behandelt werden mußte, hat Monika sie dort weder besucht, noch bei ihr angerufen. Dabei hatten die beiden keineswegs Streit miteinander, es herrschte „Normalzustand“. Andererseits weiß Monika, daß sie sich in Notfällen auf ihre Schwiegermutter bedingungslos verlassen kann und nimmt ihre Hilfsangebote auch an.

Versuche, mit Monika über ihr widersprüchliches, ruppiges Verhalten zu reden, fruchteten nichts. „Sie meint, sie sei im Recht, und die anderen seien alle doof.“

Gisela fühlt sich hilflos, wenn die Schwiegertochter sie besucht und ihr in ihrer eigenen Wohnung vorschreibt, sie dürfe jetzt nicht Radio hören oder fernsehen. Manchmal lädt Monika ihre Schwiegermutter zum Kaffeetrinken ein. „Aber nur für ein Stündchen", sagt sie, und meint das auch so strikt. Für exakt sechzig Minuten. Gisela ist dann so verunsichert, daß sie ständig auf die Uhr schaut.

„Das alles ist lächerlich", urteilt die Achtundsiebzigjährige, die solche Szenen mehr aufwühlen, als sie zugeben will. „Aber ich bin inzwischen so weit, daß ich mir sage: Daran kannst du doch nichts mehr ändern. Und wenn ich mich ärgere und aufrege, mache ich nur meine Gesundheit kaputt."

6

Ihre nächste Reise, weit weg von der Schwiegertochter, ist schon geplant. Die Koffer sind gepackt.

Warum hat's hier gekracht?

Wenn Frauen sich an Frauen rächen

Ganz ehrlich: Löst eine Zeitungsmeldung mit der Überschrift „Frau geht mit dem Nudelholz auf ihre Schwiegermutter los" etwa Mitleid mit der Verprügelten aus? Eher doch, wegen der Wahl der Waffe, Schadenfreude über die kleine Tragödie mit Bauerntheaterniveau, die sich im August 1995 in einer südhessischen Kleinstadt zugetragen hatte:

Eine Zweiundfünfzigjährige riß um 21.30 Uhr wutentbrannt die Tür zum Zimmer ihrer bereits schlafenden Schwiegermutter auf, packte die überraschte Frau am Nachthemd, schüttelte sie so heftig, daß sie aus dem Bett fiel und schlug dann auch noch mit dem Nudelholz auf die Siebzigjährige ein. Ursache des Streits, den die Angreiferin als einen Akt der Notwehr und Selbsthilfe darstellte: Die Schwiegermutter hatte sie öffentlich schlechtgemacht, und das wollte sie sich nicht länger bieten lassen.

Wenn Frauen sich an Frauen rächen, dann wissen sie sehr genau, an welchen Stellen sie - nicht nur mit dem Nudelholz - zuschlagen müssen, damit der Schmerz sich einbrennt und weiterfrißt. Die Schwiegermütter Rita und Charlotte haben ihre unterschwellige Botschaft an die Schwiegertochter „Du bist meinen Sohn nicht wert" mehrfach mit psychologischen Tiefschlägen weitergegeben. Rita war geradezu von der Idee besessen, daß ihre Schwiegertochter Angelika ihren Mann betrogen hatte und ihm ein fremdes Kind unterschieben wollte. Jetzt würde ihr Sohn wohl endlich kapieren, daß er „die Falsche" geheiratet hatte. Diese Mutter steigerte sich in den Haß auf die Frau hinein, die zwischen ihr und ihrem Sohn zu stehen schien. Nicht nur im Bekanntenkreis sprach sie abfällig über die Schwiegertochter, sogar bei den Enkelkindern machte sie Angelika schlecht. Auf geradezu provozierende Weise ließ sie die junge Mutter im Stich, als diese sie um Hilfe bat.

Ritas Motive bleiben unklar. Wahrscheinlich braucht sie eine Art Ablenkungsmanöver für ihre eigenen, eigentlichen Probleme mit Ehemann und Sohn. Der verhält sich seinen Eltern gegenüber zwar nach außen hin formal-loyal, gibt ihnen aber keine emotionale Wärme zurück. Es scheint, als ob Rita ihren Groll auf so manches, was in ihrem Leben und in der Familie unbefriedigend für sie gelaufen ist, Angelika anlasten will. Das ist für sie bequemer als die direkte Auseinandersetzung mit den Söhnen und dem Ehemann.

Die Schwiegertochter muß also für etwas „büßen", das gar nichts mit ihr zu tun hat. Zum Beispiel dafür, daß in der Familie ihres Mannes Erwartungen und Enttäuschungen nie benannt und nie ausgesprochen wurden, der Deckel über dem Gefühlsgebräu immer schön geschlossen blieb.

Verständlich daher, daß Rita mehr Freude an der Herstellung von Puppen, als am Spielen mit ihren Enkelkindern hat. Bei Gefühlen will sie ganz auf Nummer sicher gehen, um keine Enttäuschungen zu erleben. Puppen sind stumm und willenlos, Kinder lebhaft, fordernd, unberechenbar. Wer sich mit ihnen auseinandersetzt, setzt sich auch mit sich selbst auseinander, mit ungehemmten Wünschen und dem Kind, das er einmal gewesen ist. Aber diesem Blick in den Spiegel weicht Rita konsequent aus - wovor fürchtet sie sich?

Bei Gabi war der Schwiegermutter-Konflikt noch vielschichtiger. Charlotte empfindet die geschiedene, junge Frau, die schon einen Sohn hat und nun auch ihr Lieblingskind Gino „aus dem Kinderzimmer entführt", wie eine konkurrierende Mutter. Gabi ist ja nicht nur fünf Jahre älter als Gino, sondern auch viel reifer und erfahrener als er. Sie hat bereits ihre erste Lebenskrise, die Scheidung, hinter sich gebracht, wieder Fuß im Beruf gefaßt und für sich und ihr Kind eine Wohnung gefunden. Als sie den attraktiven, schlaksigen Gino kennenlernt, glaubt sie, den noch unreifen jungen Mann bemuttern, erziehen und verbessern zu können. Genau wie Charlotte bemühte sich auch Gabi, den hoffnungsvollen Architekturstudenten Gino von jeglichen Selbstversorgungspflichten zu entlasten. Weibliche Dienstfertigkeit, die nicht mit offenen Gegenforderungen verbunden ist (wohl aber mit verdeckten Erwartungen: du kannst gar nicht anders, als mich lieben, weil ich soviel für dich tue) kam Ginos Bequemlichkeit entgegen. Erstaunlich, wie leicht er wegging. Wie gering seine Anteilnahme an dem Leben der beiden Frauen war, die ihm unter Aufbietung all ihrer Liebe und Fürsorge ein gemütlich ausgepolstertes Nest angeboten hatten. Das nächste Nest war ja schon in seinem Blickfeld.

Warum ließ Charlotte nicht ab, Gabi an die vertrackten fünf Jahre Altersunterschied zu erinnern? Zum einen schien sie damit ausdrücken zu wollen, daß Gabi und Gino keine „richtige Ehe" führten. Denn in einer traditionellen Ehe, so hatte Charlotte gelernt, ist der Mann älter und erzieht sein junges, zu ihm aufschauendes Frauchen so, wie er es braucht. Offenbar spukte dieses Klischee Charlotte noch im Kopf herum, obwohl es sich überhaupt nicht mit ihren eigenen Erfahrungen deckte. Sie war es ja gewesen, die die drei Kinder unter großen Mühen und Verzicht auf eigenes Glück großgezogen und ihnen eine gute Schulausbildung ermöglicht hatte. Keiner ihrer drei Männer war ihr dabei eine große Stütze gewesen: Der eine brachte sich um, der andere dachte nicht daran, ihretwegen seine Familie aufzugeben und der dritte, jüngere, richtete sich an ihrer Stärke auf.

An Lebenstüchtigkeit stand Gabi Charlotte nicht nach, auf dieser Ebene konnte Ginos Mutter die Schwiegertochter also nicht herabsetzen. Der Altersunterschied, überhaupt das Älterwerden, war, wie Charlotte aus eigener Erfahrung wissen mußte, ein ganz empfindlicher Punkt. Tief berührt dieses Thema nagende weibliche Selbstzweifel an der eigenen sexuellen Attraktivität. Mit dem Satz „man kann verstehen, daß ihm jüngere Frauen gefallen", übermittelte Charlotte ihrer Schwiegertochter das vernichtende Urteil: Du bist für ihn nicht mehr begehrenswert. Deine Zeit ist abgelaufen. Dein mütterlich-fürsorgendes Repertoire zieht nicht mehr (genausowenig wie meines). So entwertet und nicht mehr gebraucht hatte sich wohl auch Charlotte gefühlt, als Gino zu Gabi zog. Späte Rache ist süß: Die Schwiegermutter schlug brutal zurück, als Gabi am wehrlosesten war. „Im Grund ihrer Weiblichkeit grüßt die Mutter in ihrem Sohn den Mann als Herrn", meint Simone de Beauvoir.

Schwiegermutter Gisela ist bereit, für die Familienharmonie große Opfer zu bringen. Doch das Ergebnis ist für alle Beteiligten unbefriedigend. Monika signalisiert durch ihr Zuspätkommen oder ihre Mißachtung der Schwiegermutter, daß sie in die Familie gar nicht einbezogen werden will. Sie schlägt die Hand, die ihr zur Versöhnung entgegengestreckt wird, immer wieder störrisch aus. Die Ursachen dieser Trotzhaltung sind vermutlich in ihrer eigenen Jugendzeit zu finden. Schon als Teenager zog sie in eine Wohngemeinschaft, brach aber zumindest den Kontakt mit ihrem - inzwischen gestorbenen Vater - nie ganz ab. Nicht nur zur Schwiegermutter hält sie Distanz, auch zu ihrer eigenen Mutter, der sie ihre Besuchsregeln in ähnlicher Weise wie Gisela aufdiktiert. Monika hat offenbar große Angst davor, vereinnahmt, umsorgt oder für ungeliebte Aufgaben eingespannt zu werden und wehrt solche Versuche oder Erwartungen schon im Vorfeld ab. Ob sie überhaupt weiß, wie sehr sie ihre Schwiegermutter mit ihrem Verhalten vor den Kopf stößt? Gisela sollte der Schwiegertochter in einer ruhigen Phase ihrer Beziehung einmal schildern, wie ihr egoistisches und liebloses Benehmen auf sie wirkt und sie fragen, ob sie das wirklich bezweckt - vielleicht bringt das Monika doch noch zum heilsamen Nachdenken.

- *Erster Fehler:* Schwiegertöchter von „gemeinen" Schwiegermüttern oder Schwiegermütter von problematischen Schwiegertöchtern sollten sich weder einreden noch einreden lassen, das Problem betreffe nur sie beide. Wie ver-

6

hält sich der Sohn/Mann, wenn das psychologische Nudelholz geschwungen wird? Ihn geht der kalte Krieg mindestens genausoviel an wie die beiden Frauen. Warum aber werden „Weiber zu Hyänen?“ Der Schlüssel zum Verständnis liegt meist in ihrer Vergangenheit: Sie reagieren - spät und falsch - als Erwachsene auf frühere Enttäuschungen und Liebesverlust und versuchen nachträglich, ihren Frust auf Sündenböcke abzuladen.

- *Zweiter Fehler:* Die offene Konfrontation wird vermieden, die Wut auf die Schwiegermutter (oder Schwiegertochter) geschluckt. Aber sie schwelt weiter, wird zum Flächenbrand. Je weiter er sich ausbreitet, um so schwerer wird es, das Knäuel der irrationalen Schuldzuweisungen zu entwirren. Zwar kann man, wie Angelika und Gabi, die Beziehung zu den Schwiegereltern aus Selbstschutz völlig abbrechen, statt sie mit ihnen aufzuarbeiten, aber es bleibt doch ein ungutes Gefühl der Verbitterung zurück. Eine kluge, resolute Interviewpartnerin fand für sich die folgende Lösung: Sie schilderte ihren Schwiegereltern in einem ausführlichen, höflichen Brief, warum sie den Kontakt mit ihnen eine Zeitlang aufkündigen mußte. Zwei, drei Jahre hörte und sah man nichts mehr voneinander. Die Frau, Mutter von drei Kindern, führte ihr unterbrochenes Medizinstudium zu Ende, eine Entscheidung, die den Protest der Angehörigen hervorgerufen hatte. Nach dieser heilsamen Pause war es für beide Seiten leichter, wieder aufeinander zuzugehen. Von da an behandelten die Schwiegereltern ihre Schwiegertochter mit wesentlich mehr Achtung und Aufmerksamkeit als vorher.

Wie läuft's besser?:

Frauen, die unter ihrer Schwiegermutter leiden, können das Problem nur mit Hilfe ihres Mannes lösen. Er muß seiner Mutter die Stirn bieten und ihr klipp und klar sagen: Wenn du meine Frau schlechtmachst, beleidigst du mich. Wenn du sie ablehnst, lehnst du auch mich ab. Wenn sie bei dir nicht willkommen ist, fühle auch ich mich nicht mehr bei dir willkommen.

Der unsichtbare Dritte

„Mein Mann ist ein Muttersöhnchen“

Simone lebt aus dem Koffer und wirkt heimatlos. Die neue Wohnung ist ihr fremd, sie hat noch nicht die Zeit und Kraft gefunden, alle Umzugskisten auszupacken. Vorerst nutzt sie die knallweiß gestrichene und möblierte Küche - einziger bunter Blickfang: ein Blumenkalender - als Wohn- und Gästezimmer. Nein, glücklich und befreit wirkt sie nicht. Eher wie ein Kind, das im Dunkeln pfeift. Vor drei Monaten hat sich die Vierunddreißigjährige von ihrem Mann Martin getrennt. Schweren Herzens. Der Grund: „Mein Mann ist ein Muttersöhnchen“. Das ist ihr während ihrer achtjährigen Ehe immer stärker klargeworden. Anfangs glaubte sie noch, ihn auf ihre Seite ziehen zu können. Aber seine Mutter, diese kranke, alte Frau, erwies sich als die Stärkere.

Die zierliche, mädchenhafte Simone scheint an der Trennung fast zu zerbrechen. Tapfer versucht sie, ihrem Leben neue Konturen zu geben und Sohn Christian (7) zu helfen, über den Verlust seines geliebten Vaters hinwegzukommen. Martin (40) kann Simones Entscheidung nicht begreifen. Sie liebt ihn doch, also warum hat sie ihn dann verlassen? Daß sein enges Verhältnis zu seiner Mutter Lisbeth (74) damit zu tun hat, kommt ihm nicht in den Sinn. Ein Sohn muß sich doch um seine Mutter kümmern, zumal, wenn sie alt und krank ist. Oder?

Jahrelang hatte sich Simone als die Schwächere in dieser Ehe gefühlt und ihrem Mann klein beigegeben. Deshalb irritiert ihn ihre plötzliche Stärke und Entschlossenheit. Was ihn zu Beginn ihrer Freundschaft und Ehe so sehr zu ihr hingezogen hatte, das war ja gerade ihre Weichheit, ihre Fürsorglichkeit und Warmherzigkeit gewesen, Eigenschaften, die er bei seiner tüchtigen, fleißigen Mutter vermißte.

Denn für Mütterlichkeit hatte Lisbeth, Chefin einer kleinen Buchdruckerei, keine Zeit. Nach ihrer Scheidung mußte sie sich um den Betrieb und ihre beiden kleinen Söhne kümmern. Es gab keinen neuen Mann mehr in ihrem Leben, und sie gewöhnte es sich daher an, ihre geschäftlichen Sorgen und Entscheidungen mit ihrem ältesten Sohn Martin zu besprechen.

Er wurde für sie zum Ersatzpartner. Der jüngere Sohn sperrte sich nämlich massiv gegen jegliche mütterliche Vereinnahmung. Bockig und unbequem, entzog er sich Lisbeths Einfluß, wo er nur konnte. Und ihren Betrieb, den wollte er schon mal gar nicht übernehmen.

Enttäuscht über seinen Widerstand gegen ihre Pläne, stand Lisbeths vernichtendes Urteil über ihren Jüngsten bald fest: Er war ein Versager und verdiente ihre Unterstützung nicht. Von da an galt die ganze Aufmerksamkeit der geschiedenen Frau ihrem „guten Sohn", dem sie ein Studium finanzierte. Martin dankte ihr, indem er lange Zeit Junggeselle blieb und sie sich in dem Glauben wiegen durfte, die „Frau Nummer eins" für ihn zu sein. Noch mit dreißig ließ er sich von seiner Mutter die Wäsche waschen.

Mit 31 begegnete Martin der fünfundzwanzigjährigen Simone - und da geriet Lisbeths Mutterthron heftig ins Wanken, bevor er sich dann doch wieder allmählich stabilisierte. Da Simone aus einem harmonischen Elternhaus stammt, in dem keiner Druck auf den anderen ausübt, konnte sie das symbiotische Verhältnis zwischen Lisbeth und Martin zunächst nicht einschätzen. „Lisbeth braucht sehr viel Nähe", erklärt Simone, und der Ton ihrer Stimme verrät, daß sie dieses Bedürfnis für maßlos überzogen hält. „Martin muß sich ständig telefonisch bei ihr melden, wenn er sie nicht gerade besuchen kann." Zum Glück für Simone wohnt ihre Schwiegermutter in einer anderen Stadt. Zum Pech für Simone ist diese Stadt nur anderthalb Autostunden entfernt.

Sie brauchte einige Zeit, um zu erkennen, daß ihr Mann, der nach außen hin so erfolgreiche und fleißige Kleinunternehmer, von seiner Mutter nicht loskommen kann. Sonntagvormittags war er ganz unruhig, bis er das obligatorische Telefongespräch mit Lisbeth geführt hatte. Er konnte es nie ausfallen lassen, sonst wäre der Sonntag für ihn verdorben gewesen. Das Ritual war genau festgelegt: Lisbeth meldete sich nie von selbst, sondern erwartete, angerufen zu werden.

Als sich durch eine Krankheit ihre Gelenke versteiften und ihr Bewegungsspielraum stark eingeschränkt war, verlangte der vielbeschäftigte Unternehmer von seiner Frau, daß sie zu ihrer Schwiegermutter zog und sie pflegte. Simone ging sogar darauf ein, um Martin nicht zu enttäuschen. Allerdings widerstrebend, denn ihr Verhältnis zu Lisbeth war nie besonders herzlich gewesen.

Ihren kleinen Sohn Christian, um den sie sich viel lieber gekümmert hätte, gab sie morgens bei ihrer eigenen Mutter ab. Dann fuhr sie zu Lisbeth, versorgte sie und hatte dabei das Gefühl, daß so ziemlich alles in ihrer Ehe schief lief. Warum setzte der vaterlos aufgewachsene Martin, der so gerne eine „richtige" Familie haben wollte, seine eigene kleine Familie wegen seiner Mutter aufs Spiel? Dabei hatte bei dieser energischen Frau, zumindest nach Simones Einschätzung, immer der Beruf an erster Stelle gestanden, erst dann kamen ihre beiden Söhne an die Reihe.

7

„Lisbeth ist sehr dominant", beschreibt Simone ihre Schwiegermutter. „Und sie erwartet Dankbarkeit. Wenn es nicht so klappt, wie sie sich das gedacht hat, verfällt sie in Depressionen."

Auch wenn Lisbeth sich nicht in der Wohnung des jungen Paares aufhielt, so war sie doch atmosphärisch anwesend. Simone versuchte, mit ihrem Mann über seine erdrückend enge Mutterbindung zu reden, aber der blockte einfach ab. Er vergrub sich in seine Arbeit, täuschte wichtige Geschäfte vor, um solchen unangenehmen Aussprachen aus dem Weg zu gehen.

Zur Zeit macht Martin Urlaub. Bei seiner Mutter, die wieder einmal kränkelt und an seine Sohnesliebe appelliert. „Dabei hätte er Erholung so dringend nötig", sagt Simone mitfühlend. Sie hofft, daß die räumliche Trennung ihn zum Nachdenken zwingt. Vielleicht ist sogar ein gemeinsamer Neuanfang möglich. Dagegen hätte sie nichts einzuwenden: „Ich verspüre ja keinerlei Aggression gegen ihn, er hat seine Qualitäten - sonst hätte ich ihn nicht geheiratet."

Zwischen allen Fronten steht der kleine Christian. Für Großmutter Lisbeth ist er „etwas ganz Besonderes", nämlich der bisher einzige Enkel. Martin holt ihn alle vierzehn Tage bei Simone ab, wenn er zu seiner Mutter fährt.

Aber, tragisch für Martin und Lisbeth, der Siebenjährige empfindet die Besuche bei der kranken alten Frau bloß als langweilig. Er mag es nicht, daß sie ihn abküßt und zieht ganz offen die andere Oma und den Opa, Simones Eltern, vor.

Das letzte Mal hat Simone ihre Schwiegermutter an Weihnachten 1994 gesehen. Dem Besuch war ein großer Krach mit Martin vorausgegangen. Der konnte sich einfach nicht entschließen, das Fest allein mit Simone und Christian zu feiern. „Ich habe damals funktioniert und bin schön zu Lisbeth mitgefahren“, ärgert sich Simone noch heute. Wie erwartet, wurde es ein grauenhaftes Fest. Was sie sich heute noch vorwirft: nie den Mut gehabt zu haben, mit ihrer Schwiegermutter über die ungesunde Klammer-Beziehung zu Martin zu reden.

Simone, die vor der Ehe als Töpferin gearbeitet hat, beginnt jetzt ein Teilzeitstudium als Designerin. Es tut ihr in der Seele weh, daß Martin sich seiner alten Mutter mehr verbunden fühlt als seinem kleinen Sohn. Christian ist nun als Folge der Trennung zum Hortkind geworden. Er wird wohl genauso vaterlos aufwachsen wie Martin. Simone hofft, daß ihr Mann endlich doch noch aufwacht, endlich kapiert, wieviel er verliert, wenn er nicht die Kraft findet, jene innere Fessel zu durchtrennen, die ihn an Lisbeth kettet.

Stunde der Wahrheit am Sterbebett

Glaubt man Luise (81), dann war Anton in jungen Jahren ein Sohn, wie ihn sich eine Mutter nicht besser und aufmerksamer wünschen kann. Ruhig, überlegen, hilfsbereit. „Er hat immer gespürt, wie es mir ging“, behauptet die alte Frau. Oft und gern erzählt sie, daß er sich besorgt nach ihrem Befinden erkundigte, wenn er vom Gymnasium nach Hause kam. Der sensible Junge wußte immer, wie ihr zumute war. „Mutter, leg' dich hin, hat er gesagt, wenn es mir schlecht ging. Dann hat er gespült und die Hausarbeit erledigt.“

Christiane (46), ihre Schwiegertochter, schweigt dazu, und der, um den es geht, kann sich dazu nicht mehr äußern. Er ist vor zehn Jahren an Krebs gestorben. Als Anton wußte, wie es um ihn stand, hat er den Gedanken an sein Ende nicht verdrängt, sondern mit seiner Frau, den Kindern und Freunden lange über den Tod gesprochen und seine Angelegenheiten geklärt. Er machte konsequent mit allem und allen reinen Tisch. Auch mit seiner Mutter.

Was er hinter der geschlossenen Schlafzimmertür mit ihr besprach, kann Christiane nur vermuten. Sie kennt lediglich Luises heftige Reaktion auf seine Worte, die auf eine schonungslose Aussprache schließen ließ. Der stets so rücksichtsvolle Sohn rückte im Angesicht des Todes mit bitteren Wahrheiten heraus. Zu bitter für Luise. Wie versteinert kam sie aus seinem Krankenzimmer. „Wie konnte er mir das antun“, beklagte sie sich bei der Schwiegertochter. „Das werde ich ihm nie verzeihen.“

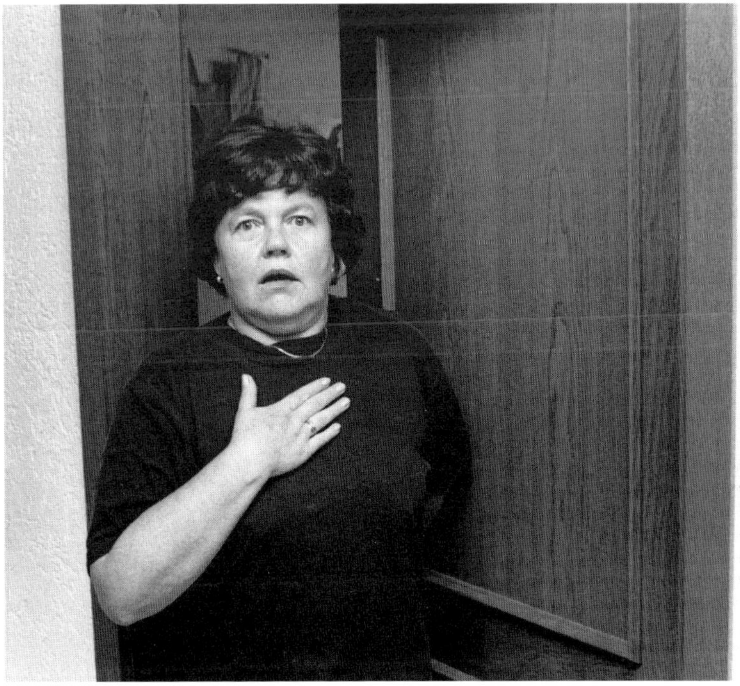

Vielleicht hat Anton sie an die ungerechten Bestrafungen und die häufigen Streitigkeiten zwischen ihr und seinem Vater erinnert, die ihm als Junge schwer zu schaffen machten. Einmal verdächtigten sie ihn, ein Gartengerät versteckt zu haben, keine große Sache eigentlich, aber sie machten ein Kapitalverbrechen daraus. Später brachte ein Nachbar arglos das Gerät zurück - er hatte es sich einfach „ausgeliehen". Anton war zutiefst von seinen Eltern enttäuscht - und bemühte sich weiter um ihre Anerkennung.

7

Sein von Luise gerühmtes Gespür für ihre Befindlichkeiten bezeichnete er gegenüber seiner Frau als beschwichtigende Reaktionen auf die Erpressungsmethoden seiner Mutter. Immer, wenn er sich gegen sie durchsetzen und eigene Entscheidungen treffen wollte, war Luise einem Zusammenbruch oder einer Gallenkolik nahe. Aus Angst davor, daß sie sich in diese Stimmung hineinsteigern könnte, gab er nach. Er wollte nicht schuld sein an ihrem „Herzkasper".

Anton stand zwischen Mutter und Ehefrau, aber er hielt stets zu Christiane, auch wenn er aus Höflichkeit oft Luise beipflichtete. Lange Zeit glaubte er, es beiden recht machen zu müssen. In seinem letzten Lebensjahr sah er vieles klarer und verschloß die Augen nicht mehr vor den Tatsachen. Seine Mutter war eine mit sich und der Welt unzufriedene Frau, die nach Lob und Aufmerksamkeit gierte und eifersüchtig auf alle war, die ihm etwas bedeuteten. Sie erfand sich eine Mutter-Sohn-Idealbeziehung und glaubte daran. Zärtlich und um ihn besorgt war sie nie gewesen. Immerzu forderte sie etwas von ihm, bessere Schulnoten, bessere Leistungen oder auch mehr Zuwendung und Liebe. Sie wollte sich in Antons Erfolg sonnen. Er sollte sie für die langweiligen, ereignislosen Jahre mit ihrem Mann entschädigen, den sie offen verachtete und, wie sie der Schwiegertochter einmal gestand, nur aus Mitleid geheiratet hatte.

Jahrelang litt Christiane unter ihrer Schwiegermutter und wußte sich gegen ihre abfälligen Bemerkungen nicht zur Wehr zu setzen: „Sie hat mich nie akzeptiert und ihrem Sohn immer 'etwas Besseres' als mich gewünscht.

Anton meinte, es sei ihr ganz egal, welche Frau er hätte, sie würde bei jeder einen Grund zum Nörgeln finden."

In der Anfangszeit ihrer Ehe wohnten Antons Eltern, die ihm immer sehr wichtig waren, nur eine Autostunde entfernt und kamen häufig zu Besuch. Luise nahm nie ein Blatt vor den Mund, wenn ihr bei Christiane Schwächen und Unsicherheiten auffielen. „Ziemlich unordentlich" fand sie das Schlafzimmer des jungen Paares, das sie unaufgefordert betreten hatte. Sie selbst betreibt einen wahren Ordnungskult in ihrer Wohnung und sortiert ihre Wäsche nach farbigen Bändchen im Schrank ein. Christianes erstes Kind, Maarten, kam mit Kaiserschnitt zur Welt. Für Luise war das „keine richtige Geburt". Erst die „normal" geborene Neele machte Christiane nach Luises Auffassung zur richtigen Mutter.

7

Als Oma griff sie zu Tricks, um sich bei den Enkeln beliebt zu machen. Bei einem dreiwöchigen Besuch bei Sohn und Schwiegertochter füllte sie die Kleinen vor den Mahlzeiten heimlich mit Gummibärchen ab. Als die Kinder dann lustlos in ihrem Essen herumstocherten, sagte Luise vorwurfsvoll zu Christiane: „Du mußt eben kindgerecht kochen". Das Spielchen wiederholte sich mehrmals, bis der Enkel eines schönen Tages mit der Frage herausplatzte: „Oma, wann krieg' ich denn den Rest der Gummibärchen?"

Luise wollte nicht nur für die beiden Kinder ihres Sohnes wichtig sein, sie schenkte ihre Zeit und Zuwendung auch den beiden Söhnen ihrer berufstätigen Tochter. An Wochentagen, wenn Ihre Tochter arbeitete, war sie ganz für sie da. Stolz erzählte sie herum, daß der älteste Enkel sie bereits „Mama" nannte, während er seine Mutter als „Tante" bezeichnete. Auf die Gefühle ihrer Tochter nahm sie keine Rücksicht.

Je größer und kritikfähiger Maarten und Neele wurden, um so weniger konnte „die große Oma" Luise mit ihnen anfangen. Plötzlich überholte sie die „kleine Oma", auf die Luise immer schon etwas eifersüchtig gewesen war, an Beliebtheit. Die Enkel halten Mutters Mutter inzwischen für „die Spannendere". Sie wirkt immer ausgeglichen und ist - trotz einer schweren Operation - optimistisch geblieben. Wenn sie kommt, erzählt sie von ihren Freundinnen, dem Chor, in dem sie mitsingt, und dem Seniorenclub, mit dem sie Ausflüge unternimmt. Luise dagegen, die ein einsames Leben führt, erwartet bei ihren Besuchen, daß ihr die beiden Enkel wie in früheren Zeiten mit lauten Jubelschreien entgegenrennen.

Doch nichts liegt Maarten und Neele heute ferner. Sie finden die alte Dame nur noch „ätzend". „Wenn wir sie anrufen, dann ist sie ja nur am Meckern" klagen sie. „Und sie erzählt immerzu die gleichen Geschichten. Was interessiert sie eigentlich außer Essen, Schlafen, Fernsehgucken? Warum lebt diese Frau immer nur in der Vergangenheit?"

Manchmal beschwert sich Luise bei ihrer Schwiegertochter Christiane über das distanzierte Benehmen von Maarten und Neele. Es schockiert sie, daß ihr die Enkelin unverblümt wie sonst niemand die Meinung sagt. Maarten dagegen ist wie sein verstorbener Vater Anton besonnen und diplomatisch. Er vermeidet es, ihr mit Worten weh zu tun.

7

Die Großmutter sieht die schönen Szenen der Vergangenheit noch allzu lebhaft vor sich. Früher, sagt sie verbittert, saßen die Kinder bei mir auf dem Schoß - und heute? Aber da muß Christiane doch lachen. „Willst du das wirklich, daß dir der zwanzigjährige Student Maarten auf dem Schoß sitzt? Das wäre doch wirklich komisch und unangebracht!"

Christiane hält ihre Schwiegermutter für gefühlsarm und boshaft. Als sie für den krebskranken Anton, der sich vor fetten Speisen ekelte, magere Kost zubereitete, warf ihr Luise vor, ihrem Mann nicht mal das bißchen Butter zu gönnen. Luise ertrug es auch nicht, daß im Hause des Patienten so offen über den Tod gesprochen wurde: „Rechnest du dir schon die Witwenpension aus?" giftete sie Christiane an, statt der Schwiegertochter in dieser schweren Situation beizustehen oder ihr bei der Pflege des Patienten zu helfen. Christiane fühlte sich alleingelassen, als Luise abreiste, um ihren Sohn nicht sterben sehen zu müssen.

Nur Anton zuliebe hatte sie sich jahrelang bemüht, mit seiner Mutter klarzukommen. Sie schluckte ihren Ärger über dumme Bemerkungen herunter, duldete gutwillig Luises lange, lästige Besuche. Bis ein Ratschlag ihres Mannes sie nachdenklich machte. „Hör' endlich auf, ihr hinterherzulaufen, um mit Nettigkeiten ihre Anerkennung zu erringen. Das klappt nicht, du kannst die Frau nicht mehr ändern." Seitdem nimmt sie Luise, wie sie nun mal ist. Ihre Sticheleien und Kränkungen prallen an ihr ab, denn sie erfindet sich eine innerliche Mauer, die sie von der „alten, armen, verhärmten Frau" auf der anderen Seite trennt.

Christiane traut sich jetzt, mit Luise selbstbewußter umzugehen. Eine Woche durfte die Schwiegermutter, die verwitwet ist und allein in einer anderen Stadt lebt, an Weihnachten bei ihr und den Enkeln bleiben - aber nur eine Woche. Früher hätte sie es nicht gewagt, ihrer Schwiegermutter die Dauer des Aufenthalts vorzuschreiben. Jetzt ist sie stolz auf sich und ihren Mut: „Ich hab' von Anfang an bis zum Schluß klare Worte gebraucht und muß mir nicht mehr den Vorwurf machen, nicht offen genug gewesen zu sein. Früher wäre ich eher im Erdboden versunken."

7

Aber Luise schafft es trotzdem, ihre Schwiegertochter mit ihren Worten bis ins Mark zu treffen. Als bei der siebzehnjährigen Neele überraschend ein großer Tumor festgestellt wurde, der schnell operiert werden mußte, versprach Luise ihrer verzweifelten Schwiegertochter: „Ich ruf' dich am Abend des Operationstages an, aber nach 21 Uhr. Dann ist das Telefonieren billiger." Christiane war sprachlos über soviel Gefühlsarmut.

Und doch wünscht sie sich noch immer, daß Luise wenigstens einmal im Leben ihre Leistungen würdigt und anerkennt: die aufopfernde, einjährige Krankenpflege, die Erziehung der beiden Kinder und den Kraftakt des Hausausbaus, den Christiane ganz allein gemeistert hat. Tatsächlich hat Luise kürzlich eine Art dünnes Lob formuliert. Sie bat ihre sechsundvierzigjährige Schwiegertochter, kürzer zu treten und mehr auf ihre Gesundheit zu achten. Mehr Anteilnahme, meint Christiane resignierend, dürfe sie von Luise nicht erwarten.

Jedes Jahr an Antons Todestag besucht Luise sein Grab. Jedes Jahr bricht sie dort in theatralisches Schluchzen aus, als sei er gerade beerdigt worden. Weint sie über ihren braven Sohn, der so rücksichtsvoll mit ihr umging, oder über den vom Tod Gezeichneten, der den schönen Schleier von ihrer Phantasiewelt riß? fragt sich dann ihre Schwiegertochter. Hat Luise verdrängt, was sie eigentlich „nie verzeihen" wollte?

Warum hat's hier gekracht?

Keine kann loslassen

Wenn zwischen Schwiegermutter und -tochter die Funken sprühen, wird die Schlüsselfigur der Drei-Personen-Handlung leicht übersehen: der Muttersohn. Das ist kein Wunder, denn er duckt sich gern, wenn das Psychoterror-Kreuzfeuer ausbricht und schleicht sich aus dem Schußfeld. Ohne für sich eine eigene Position gefunden zu haben (oder finden zu wollen), fühlt er sich von den gegensätzlichen Ansprüchen der beiden Frauen völlig überfordert. Harmoniebedürfnis und Konfliktunfähigkeit lähmen seine Entscheidungskraft. Instinktiv sucht er Schutz im Beruf, bei Hobbys, in der Kneipe oder hinter einer Zeitung.

Doch gerade sein Schweigen bedroht seine Ehe. Die Augen aller sind auf ihn gerichtet. Hält der Ehemann wie ein Erwachsener zu seiner neuen Familie, steht er solidarisch zu seiner Frau oder ist er innerlich noch wie ein kleiner Junge von Lob und Tadel der Über-Mutter abhängig? Wird er, wenn sie ihn ruft, braucht, ausnutzt, wieder zu dem Kind, das nie gewagt hat, ihr zu widersprechen, weil dann der Weltuntergang ausgebrochen wäre? Seine Reaktion sagt viel über seine Reife und Selbstsicherheit aus.

Wenn seine Frau Kritik an Verhaltensweisen seiner Mutter äußert, fühlt er sich persönlich angegriffen und reagiert beleidigt. Schließlich geht es ja nicht nur um ein Familienmitglied, sondern indirekt auch um ihn selbst. Seine Eltern haben ihn geprägt und seine Verhaltensweisen beeinflußt. Unauslöschlich sind seine Erinnerungen an die Kindheit mit der Gestalt seiner Mutter verbunden. Daß die Ehefrau ihm mit ihrer Schwiegermutter-Kritik signalisiert, er möge sich endlich ihr zuwenden und begreifen, daß seine Mutter keineswegs unfehlbar sei, wird von einem Muttersohn oft mißverstanden.

Die Freigabe des Sohnes für eine Ehe ist eine hohe Leistung von einer Mutter. Unsichere Frauen gehen diesem inneren Kampf aus dem Weg. Durch bedingungslose Verwöhnung binden sie den Sohn an sich, machen ihn zum ewigen Kind und verpflichten ihn zu lebenslanger Dankesschuld. Verwöhnung ist bequem, aber sie schwächt, entmündigt und blockiert das Wachstum. Sie ist eine sanfte Falle mit lähmender Wirkung, deren Folgen später schwer auf den Schwiegertöchtern lasten.

Je unauffälliger und im Doppelsinn des Wortes abwesender die Väter sind, um so größer ist die Wahrscheinlichkeit, daß die frustrierten Mütter Halt bei ihren Söhnen suchen. Diesen fehlt das Vorbild einer guten Mann-Frau-Beziehung. Sie wachsen mit dem Eindruck auf, daß es keine zuverlässigere, innigere Beziehung geben kann als die zwischen Mutter und Sohn.

Wie sich ein guter Mann und Vater verhält, kann sich Martin nicht vorstellen. Sein Vater hatte sich nach der Scheidung von der Familie zurückgezogen, über ihn wird nicht viel Gutes gesprochen worden sein. Auch Anton fehlte ein positives Beispiel. Er wuchs zwar in einer nach außen intakten Familie auf, aber sein Vater war (von Erlebnissen im Krieg) so gebrochen und deprimiert, daß er von Ehefrau Luise offen verachtet wurde.

Aus Enttäuschung über ihre Männer, die entweder - wie bei Lisbeth - die Familie im Stich gelassen hatten, oder - wie bei Luise - die Sehnsucht ihrer Frauen nach einem starken, tatkräftigen Beschützer nicht erfüllen konnten, haben beide Müt-

7

ter ihre Söhne idealisiert und zu Ersatzpartnern erkoren. Von den Söhnen wurden sie mit Liebes- und Dankbarkeitsäußerungen bestärkt. In dieser festgezurrten Zwei-Einigkeit blieb keine Luft mehr für eine Schwiegertochter, diese Feindin schlechthin, wer immer sie auch sein würde. Denn sie hätte es ja nicht nur auf den Sohn abgesehen, sondern auch auf den „besseren Mann" in der Familie, den Vorzeige-Prachtkerl, der die Lebensträume der Mutter erfüllen und sie von ihrer Unzufriedenheit befreien sollte. Wie der Mond will dieser Typ Mutter vom Sonnenglanz des Sohnes mitvergoldet werden.

7

Anton und Martin sind beide „Muttersöhnchen" - mit einem wichtigen Unterschied. Während der eine die Motive seiner Mutter durchschaute, sich damit lange auseinandersetzte und kurz vor seinem Tod den Mut fand, sie mit ihrer Lebenslüge zu konfrontierten, übt sich der andere in der Kunst des Wegsehens. Er will gar nicht wissen, warum er nicht von seiner Mutter loskommt. Für diese Ignoranz zahlt er einen hohen Preis: den Verlust von Frau und Sohn und der Art Familie, die er sich immer gewünscht hatte.

Über die Tragik der Muttersöhne äußert die Familientherapeutin Rosemarie Welter-Enderlin in einem „Brigitte"-Interview: „Viele Muttersöhne bekommen ihre Rolle als Ersatz für den Vater zugewiesen. Und das heißt, daß sie einerseits profitiert haben von den Müttern, die sie beschützt und verwöhnt haben. Gleichzeitig wurden sie natürlich auch beschädigt dadurch, daß eine Frau ihre ganze Gefühlsnahrung von ihnen beziehen wollte. Und in dieser Situation erlebe ich Männer weniger äußerlich aggressiv, aber versteckt frauenverachtend."

- *Erster Fehler:* Simone und Christiane trauten sich lange Zeit aus falscher Rücksichtnahme auf ihre Männer nicht, mit ihren Schwiegermüttern Klartext zu reden. Innerlich rebellierend, doch ohne Gegenwehr nahm es Christiane hin, daß ihre Schwiegermutter die Schränke inspizierte und Besuche so lange ausdehnte, wie es ihr paßte. Simone ließ sich widerwillig zur Pflege ihrer kranken Schwiegermutter überreden, obwohl ihr Sohn noch klein war und sie brauchte. (Wieso stahlen sich eigentlich beide Söhne Lisbeths aus der Pflege-Verantwortung? Es handelte sich ja schließlich um ihre Mutter.) Ein deutliches „nein" der beiden Schwiegertöchter zur rechten Zeit hätte vielleicht zunächst für Ärger, dann aber auch für klare Verhältnisse gesorgt. Da sie sich widerspruchslos fügten, wurde erst gar nicht nach ihren Wünschen gefragt.

- *Zweiter Fehler:* Der „unsichtbare Dritte" schleicht sich davon, wenn es brenzlig wird - und keine versperrt ihm den Weg. Die Frauen machen ihm die Flucht viel zu leicht. Deshalb wiegt er sich in dem Glauben, er habe mit den atmosphärischen Störungen zwischen Ehefrau und Mutter eigentlich nichts zu tun. Hiergeblieben! Er soll sich äußern, mit wem er alt werden will. Mit seiner Frau ? Mit seiner Mutter?

Wie läuft's besser?

Die Umerziehung von Muttersöhnen zu liebenden Ehemännern überfordert die meisten Ehefrauen. Denn die Symbiose zwischen Mutter und Sohn hat sich so verfestigt, daß sie mit vernünftigen Argumenten nicht mehr aufzulösen ist. Bei den Ehefrauen wächst die Verzweiflung, wenn sie merken, daß ihre Männer das Problem einfach nicht begreifen und nicht aus dem Kindsein herauskommen wollen. Hier ist die Hilfe eines „Übersetzers" angebracht, eines nüchtern beobachtenden Eheberaters oder einer Eheberaterin, die bei beiden Partnern Verständnis für die Situation des jeweils anderen wecken und sie darin bestärken können, gegenüber der Mutter als Paar aufzutreten.

Enkel wirken Wunder

Die Oma unterm Wohnzimmertisch

Aus dem Wohnzimmer drang übermütiges Kindergelächter. Durch die gläserne Küchentür beobachtete Joachim (33), wie die kleine Katherine mit roten Bäckchen um das neue Sofa herumflitzte. Zunächst glaubte er, sie sei allein und wunderte sich schon über ihre Ausgelassenheit. Doch als er näherkam, entdeckte er unter dem Couchtisch eine dunkle, zusammengekauerte Gestalt, die vergnügte Gluckser von sich gab. Seine Mutter.

Seine Mutter? Als er klein war, hatte ihn Elisabeth ziemlich streng behandelt. Er mußte „danke" und „bitte" sagen und höflich sein. Ein Lob aus

8

ihrem Munde war so selten wie ein Kuß, und alles, was er gut machte, wünschte sie sich noch besser. Joachim ist Elisabeths einziges Kind, ihr einziger Partner, seit sie mit knapp vierzig Jahren Witwe wurde. Sie hängt an ihm, konnte ihm aber ihre tief unter der Eiskruste ihrer Erziehung verborgenen Gefühle nie so recht übermitteln.

Und nun hockte diese spröde, kühle, inzwischen 69 Jahre alte Frau quietschvergnügt unter dem Wohnzimmertisch, den ihre knapp zweijährige Enkelin jauchzend umkreiste. Sie pfiff auf ihre Würde, ließ sich von der Kleinen herumkommandieren, hatte ihre Freude am Lachen des Kindes und küßte und herzte es, wie Joachim früher von ihr nie geküßt und geherzt worden war. Das versetzte ihm einen kleinen Stich. Auch seine Frau Friederike (32) staunt über Elisabeths unerwarteten Persönlichkeitswandel. Lange Zeit hatte sich Joachims Mutter ihr gegenüber äußerst reserviert verhalten und auf dem „Sie" bestanden, vielleicht, weil die ersten Begegnungen der beiden Frauen nicht ohne Spannungen abgelaufen waren:

8

Nur ein einziges Mal wollte Elisabeth ihren Sohn in seiner Studentenbude in München besuchen und bei ihm übernachten. Nach kurzer Begrüßung eröffnete Joachim seiner Mutter, sie könne getrost in seinem Bett schlafen, er werde die Nacht bei seiner neuen Freundin Friederike verbringen. „Elisabeth muß es als Beleidigung aufgefaßt haben, daß er sie einfach sitzenließ", denkt sich Friederike heute. „Sie dachte wohl, ich wäre die treibende Kraft, die die beiden auseinanderbringen will. Dabei habe ich die Frau damals gar nicht so richtig zur Kenntnis genommen."

Knapp ein Jahr später, als Joachim die Sozialpädagogik-Studentin zum erstenmal in sein Elternhaus einlud, wies ihr Elisabeth das Gästezimmer im Keller zu. Joachim sollte selbstverständlich in seinem Jugendzimmer übernachten. Friederike kam sich abgeschoben vor, „wie im Dienstbotentrakt." Und dann mußte sie auch noch stundenlang mit Elisabeth steife Konversation machen, weil sich Joachim in die Firma seiner Onkel einarbeiten wollte und Mutter und Freundin ständig allein ließ. Als Elisabeth - aus Verlegenheit? - stundenlang in ihrer Küche herumhantierte, um ein perfektes, mehrgängiges Menü vorzubereiten, bot Friederike ihre Hilfe an, erntete aber nur ein abwehrendes „nein danke, das mach' ich schon alleine. Ich muß ja immer alles alleine machen.“

Friederike erinnert sich, daß sie Elisabeth damals als sehr steif und sehr schwierig empfunden hat. Da waren ihre eigenen Eltern ganz anders, herzlich, anteilnehmend, unkompliziert. Von ihnen hat die Karlsruherin gelernt, unverkrampft auf andere zuzugehen, und damit gewann sie im Lauf von fünf Jahren auch einige Pluspunkte bei ihrer spröden Schwiegermutter.

Das Einfamilienhaus, in dem Elisabeth ganz allein wohnt, hatte Joachims Vater gebaut. Nie würde die Witwe daraus ausziehen, obwohl es viel zu groß für sie ist und ihr das Sauberhalten der vielen Räume schwerfällt. Nie wird sie müde, ihren verstorbenen Mann in den Himmel zu loben. Wie Reliquien hütet sie das Tischchen, das er für sie baute, und das Holzspielzeug, das er für den kleinen Joachim schnitzte. „Der Papa“ - Friederike fällt auf, daß sie nie „mein Mann“ sagt - war ein Heiliger, fröhlich, mitreißend, gutmütig, bei allen beliebt. So hat ihn auch Joachim noch in ferner, schwacher Erinnerung.

Nach seinem überraschend schnellen Krebstod isolierte sich Elisabeth von der Familie ihres Mannes und konzentrierte sich ganz auf ihren einzigen Sohn. Aber Joachim fühlte sich in dieser Enge unwohl, suchte sich einen von der Mutter gehaßten, kinderlosen Onkel als Ersatzvater aus und entschied sich nach Abitur und Zivildienst für einen weit entfernten Studienort, um Elisabeth auf Abstand zu halten.

Während er nach Veränderungen strebte, versuchte sie, krampfhaft an der Vergangenheit festzuhalten. Das Haus blieb in dem Zustand, in dem es beim Tod ihres Mannes gewesen war. Nichts wurde umgeräumt, nichts modernisiert. Friederike kann das beurteilen, seit sie alte, mit der Schmalfilmkamera gedrehte Aufnahmen aus Joachims Kindertagen gesehen hat.

Für Elisabeth stand fest, daß das junge Paar bei ihr einziehen würde. Sie bot an, das Haus auf ihre Kosten um eine Etage aufzustocken. Ohne mich, sagte Friederike erschrocken, denn sie wollte um keinen Preis der Welt in einem solchen „Heiligtum“ leben. Kommt überhaupt nicht in Frage, konterte auch Joachim. Weinend lief Elisabeth aus dem Zimmer, als ihr Traumbild vom häuslichen Familienglück zerplatzt war. Und wieder gab sie unausgesprochen Friederike die Schuld an der schroffen Abwehrhaltung ihres Sohnes.

Anfangs behandelte Elisabeth ihre künftige Schwiegertochter recht abfällig. Sie stellte sie ihren Bekannten nicht vor und plante über ihren Kopf hinweg das Freizeitprogramm.

Erst nach der Heirat, die für die beiden jungen Leute nur eine Formsache war, ging die Witwe respektvoller mit Friederike um.

Aber sie ist überhaupt nicht mehr wiederzuerkennen, seit die kleine Katherine auf der Welt ist. Mit einer Herzlichkeit, die ihr niemand zugetraut hätte, kümmert sie sich um das Kind und holt mit ihm einen Teil ihres Lebens nach, den sie im nachhinein als ziemlich mißglückt empfinden muß. Elisabeth hat ihren Terminkalender so umgestellt, daß sie zweimal in der Woche auf die Kleine aufpassen und Friederike damit eine Teilzeitbeschäftigung ermöglichen kann. Sie hat ihrer Schwiegertochter sogar geholfen, einen neuen Job zu finden und bestärkte sie in ihrem Wunsch, in den Beruf zurückzukehren. Friederike: „Ich glaube, sie sah eine Chance, das Kind endlich allein für sich zu haben."

Zunächst war die junge Frau skeptisch und rechnete allenfalls damit, daß ihr die Schwiegermutter das Baby einen Tag lang abnehmen würde. Doch Elisabeth bot von sich aus zwei Tage an. Anfangs fiel es Friederike schwer, Katherine an die Oma abzutreten. „Ich dachte, das Kind schreit die ganze Zeit." Aber die beiden kamen verblüffend gut miteinander aus. Stolz reicht Elisabeth in ihrem Bekanntenkreis die Fotos von Katherine herum und schwärmt in höchsten Tönen von ihrer Enkeltochter.

Die sonst so zurückhaltende Frau beginnt, ihrer jungen Schwiegertochter etwas mehr von sich zu erzählen. Sicher trägt auch Friederikes sympathische Offenheit dazu bei, daß Elisabeth ihre als Strenge und Förmlichkeit getarnte Unsicherheit allmählich überwindet. Die Schwiegertochter erkennt zwar, daß es zwischen ihrem Mann und seiner Mutter unausgesprochene Tabus und unsichtbare Mauern gibt, daß Gefühle unter den Teppich gekehrt wurden und Erwartungen unerfüllt blieben, aber sie ist von diesen

Konflikten unbelastet und kann zwischen beiden vermitteln. Das Lebensmotto in Elisabeths Familie hieß: „Lerne zu schweigen, ohne zu platzen“. Furchtbar, stöhnt Friederike. Sie kann mit diesem altmodischen Fassadendenken überhaupt nichts anfangen. „Wie hast du das gemeint?“ hakt sie bei Elisabeth bei jedem mißverständlichen Satz nach. So lernt ihre Schwiegermutter langsam, sich genauer auszudrücken, statt den Umweg über das Schmollen und Weinen zu wählen.

Friederike zeigt ihr, daß es anders geht. Beispiel: Elisabeth will verreisen und verlangt von ihrem Sohn, morgens um 7 Uhr zum Hauptbahnhof der nächstgelegenen Großstadt gefahren zu werden. Joachim lehnt mit der Begründung ab, daß er um diese Zeit schon auf der Arbeit sein muß, und rät ihr, ein Taxi zu nehmen. Die Mutter ist beleidigt. Der Sohn gibt nach. Jetzt aber besteht Elisabeth auf einem Taxi und will sich unter keinen Umständen von Joachim fahren lassen. „Macht doch nicht solche Spielchen miteinander“, kann Friederike den albernen Machtkampf entschärfen. Aber sie steht auch ganz auf der Seite ihrer Schwiegermutter, wenn diese sich darüber beklagt, daß Joachim vereinbarte Besuchstermine nicht einhält. Friederike: „Bei solchen Sachen gibt es zwischen uns eine Solidarität, eine Annäherung von Frau zu Frau.“

Doch es bleibt für sie ein Dauerproblem, daß Elisabeth unfähig ist, Lob oder ihre Erwartungen und Wünsche zu äußern. „Man kann es ihr nur sehr schwer recht machen. Manchmal fühlt sie sich bei Banalitäten auf den Schlips getreten, und das kann ich dann überhaupt nicht nachempfinden,“ beschreibt Friederike die emotionale Kluft zwischen ihnen.

Kürzlich hat sie Elisabeth ein Buch mit Geschichten über Großeltern geschenkt. Im Klappentext stand ein Satz, von dem Friederike nicht einschätzen konnte, wie ihre Schwiegermutter darauf reagieren würde. Sie fand aber, daß er genau auf Elisabeth zutraf: „Großmütter sind Mütter, die eine zweite Chance bekommen haben“.

Am Abend rief Elisabeth ihre Schwiegertochter an und bedankte sich für das Buch. Sie habe schon alles gelesen. Besonders gut, sagte sie, habe ihr dieser Spruch gefallen.

„Du bist nur die Großmutter"

Tina lag in der Frauenklinik, hatte Kreislaufprobleme und litt unter Babyblues, der Wochenbett-Depression. Nicht einmal der Anblick ihrer kleinen Tochter Lisa konnte die Stimmung der einunddreißigjährigen Mutter aufheitern. Dabei war Lisa wirklich ein Wonneproppen, süß, zartblond und putzmunter, gerade vier Tage jung. Ihr erstes Kind - und das erste Enkelkind ihrer Schwiegereltern.

Doch Tina versank in Tränen und Schwermut. Sie sah Berge von Windeln und neuen Aufgaben vor sich und konnte sich nicht vorstellen, wie sie das alles bewältigen sollte. Da klingelte das Telefon am Bett. Schwiegermutter Gerlinde (59) kündigte strahlend ihr Kommen an. Tina traute sich nicht zu sagen, daß sie niemanden um sich haben wolle, zögerte jedoch ein paar Sekunden mit ihrer Antwort. Dieser kleine Moment des Schweigens und der Ablehnung führte zum ersten großen Krach zwischen den Beiden.

8

Gerlinde war tödlich beleidigt. Beim Mittagessen beklagte sie sich so heftig bei ihrem Sohn Gerd (32), Tinas Mann, über das Verhalten seiner Frau, daß er aufstand und verärgert den Tisch verließ. Warum machte seine Mutter bloß aus einer Mücke einen Elefanten?

Vor ihrer Ehe hatte Gerlinde als Kindergärtnerin gearbeitet. Mit Leidenschaft stürzte sie sich nun auf ihre neue Rolle als Großmutter. Tina wollte Klein-Lisa stillen, hatte aber noch keine Milch. Erst am vierten Tag klappte es. Das konnte Schwiegermutter Gerlinde überhaupt nicht verstehen. Sie habe ihren Sohn Gerd gleich nach der Geburt an die Brust legen können, behauptete sie steif und fest. Täglich nervte sie von da an Tina mit der Frage: „Ist deine Milch endlich da? Wieso kriegt die Kleine nur Tee? Du wirst sie doch nicht verhungern lassen?"

Als Lisa, inzwischen 15 Monate alt, festere Nahrung zu sich nehmen konnte, wurde Oma Gerlinde Augenzeuge der ersten, ziemlich mißglückten Brei-Fütterung. Sofort übernahm sie die Regie und entzog Tina den Löffel: Laß mich mal machen. Zu Tinas stillem Ärger hielt das Baby bei Gerlinde mustergültig still. „Ich war ja auch nervös und stellte mich saudumm an", entschuldigt sie sich. „Vielleicht hätte ich meine Unsicherheit nicht immer gleich

zeigen sollen.“ Sie beschloß, die überschäumende Großmutterliebe zu bremsen.

Gerlinde vermutet, daß Tina ihre Sorgen eher ihrer eigenen Mutter als ihr anvertraut und ist deshalb recht eifersüchtig auf „die andere Oma“. Einmal ließ sie die zartbittere Bemerkung „ich bin ja nur die Schwiegermutter“ fallen, worauf Tina gelassen antwortete: „Nein, du bis nur die Großmutter.“

Sie hatte das Gefühl, ihre Schwiegermutter in ihre Schranken weisen zu müssen, weil sie anfing, sich zu sehr ins Familienleben einzumischen. Das war offenbar der richtige Satz zum richtigen Zeitpunkt, denn Gerlinde geriet ins Grübeln und veränderte von da an ihr Verhalten. Sie überschüttet Tina nicht mehr ungefragt mit Ratschlägen, sondern bietet ihre Tips vorsichtig an. Als Lisa mit Fieber im Bett lag, nahm Gerlinde ihre Schwiegertochter beiseite und fragte: „Darf ich dir mal was vorschlagen? Ich will dir ja nicht zu nahe treten, aber es wäre besser, wenn du Lisas Bettzeug täglichen waschen würdest, wegen der Wiederansteckungsgefahr, weißt du." So, meint Tina, fand ich das ganz okay, so konnte ich den Rat auch akzeptieren.

Gerlinde geht die heißgeliebte Enkelin zwar fast über alles - aber eben nur fast. Sie hält sich mit Tennisspielen fit, verreist oft und gern mit ihrem Mann oder der Tennisclique und hat im übrigen einen ganz streng eingeteilten Wochenplan, den sie um nichts in der Welt umstoßen würde. Es muß immer nach ihrem Terminplan gehen. Sie ist ein „Plänchen-Typ": montags wird gewaschen, donnerstags geputzt und freitags eingekauft. Tina findet sich mit der mangelnden Flexibilität der Sechzigjährigen wohl oder übel ab, denn sie ist auf Gerlinde angewiesen, wenn sie kurzfristig einen Babysitter braucht. „Gerlinde ist Spitze mit der Kleinen."

Tinas Mann Gerd ist Gerlindes einziges Kind. Das Verhältnis zwischen Mutter und Sohn ist noch immer sehr herzlich, und beim Begrüßen und Verabschieden werden Küsse und Umarmungen ausgetauscht. Als Gerd noch nicht verheiratet war, erzählte er seiner Mutter stets haarklein von seinen Erlebnissen, sie hatten keine Geheimnisse voreinander. Noch mit achtzehn, berichtet Gerlinde auch heute noch stolz, habe er sich beim gemeinsamen Fernsehen immer an sie gekuschelt - heute dient ihr die Katze als Schmuseersatz. Gerd vertraute Tina an, daß er sich durch seine zärtliche, fordernde Mutter oft sehr eingeengt gefühlt habe.

Tina weiß, daß sie für Gerd die Nummer eins ist und seine Mutter nach Klein-Lisa mit Platz drei vorliebnehmen muß. „Meine Schwiegereltern sind eben eine Generation hintendran, vieles verstehen sie einfach nicht". Diese Einstellung teilt inzwischen auch Gerd. Diplomatisch hat das junge Paar entschieden: „Wir diskutieren mit ihnen nicht mehr jede Kleinigkeit aus, manches schlucken wir einfach."

Ärger würde die Bankkauffau Tina mit Gerlinde bekommen, wenn sie wieder berufstätig werden würde. An die Vereinbarkeit von Familie und Beruf glaubt die Schwiegermutter nämlich nicht. Wenn es um dieses Thema geht, pflichtet Tina der Mutter ihres Mannes bei, ohne sich verstellen zu müssen. Sie ist kein Karrieretyp - und wünscht sich bald ein zweites Kind.

Warum hat's hier gekracht?

Schwiegermutter weiß alles besser

Sobald das erste Enkelkind auf der Welt ist, verändert sich die Beziehung vieler Schwiegertöchter zu ihren Schwiegermüttern - zum besseren oder schlechteren. Die frohe Botschaft „jetzt wirst du Oma!" löst bei werdenden Großmüttern, die noch mit ihrem jugendlichen Aussehen kokettieren, zunächst Angst und Schrecken aus. Oma! O Gott! Das macht ja glatt zehn Jahre älter.

Doch wenn sie das Baby erst einmal im Arm halten, werden ihre Gefühle wie in einer Zeitmaschine in jene Jahre zurückkatapultiert, in denen sie selbst junge Mütter waren. Und plötzlich wissen sie wieder allzu genau, was so ein kleines Würmchen braucht, wie es ernährt, gewickelt, gebadet und erzogen werden muß.

Mit Erfahrungen, die die auf diesem Gebiet noch unsichere Schwiegertochter nicht haben kann, trumpft die ältere Frau nun mächtig auf. Endlich kann sie mitreden und ihr Expertinnenwissen einbringen. Die Gefahr dabei ist, daß sie der Schwiegertochter mit ihren gutgemeinten Belehrungen auch zu verstehen gibt, sie sei als Mutter eine glatte Niete. Tina hat die Ratschläge ihrer Schwiegermutter Gerlinde prompt als Kritik an ihren mütterlichen Fähigkeiten empfunden und das einzig richtige getan: Gerlinde darauf hingewiesen, daß sie ja „nur" die Oma ist. Beide wissen nun über ihre Empfindlichkeiten Bescheid und können darauf Rücksicht nehmen.

Friederike erlebt das Wunder, daß ihre Tochter die spröde Schwiegermutter umkrempelt, die sich, durch die Spontanei-

8

tät des Kindes mitgerissen, endlich erlaubt, Gefühle zu zeigen. Hier wirkt das Enkelkind geradezu wie eine Therapie. Tatsächlich möchten viele Großeltern an ihren Enkeln wieder gutmachen, was sie bei ihren Kindern versäumt haben. Viele Erwachsene wundern sich, wie weichherzig ihre früher so strengen Eltern plötzlich mit dem Nachwuchs umgehen können und was sie ihm alles durchgehen lassen.

Großelterliche Verwöhnungsstrategien werden von den Enkeln zwar begeistert angenommen, stellen aber die Eltern vor Erziehungsprobleme. Auf Dauer kann es nicht gutgehen, wenn die Omas und Opas aus Bequemlichkeit oder um dem Enkel eine Freude zu machen und Konflikte mit ihm zu vermeiden, stets das erlauben, was die Eltern verboten haben. Freilich wissen die Kinder mit der pädagogischen Schiffschaukelpolitik meist ganz gut umzugehen - und lernen pfiffig, sie zu ihrem Vorteil zu nutzen.

- *Erster Fehler:* Die Schwiegermutter übernimmt aus Freude darüber, endlich wieder eine schöne, neue Aufgabe zu haben, das erzieherische Regiment beim neugeborenen Enkel. Hier hilft nur die Methode Tina weiter: klare Aufteilung der Kompetenzen. Wenn Schwiegertöchter auf Hilfsangebote - Kinderbetreuung, finanzieller Zuschuß, Wäschewaschen, Mithilfe im Haushalt - eingehen, sollten sie sich klar machen, daß dahinter nicht nur uneigennützige Motive stecken. Als Gegenleistung wird von ihnen erwartet, daß sie die Einmischung der Schwiegermutter stillschweigend schlucken.
  Problematisch wird es, wenn das Kind größer geworden ist und die Betreuung nicht mehr braucht, die Schwiegermutter aber nun ihrerseits den Dank für ihre Hilfe einfordert: „Ich war immer für euch da. Jetzt müßt ihr für mich da sein.“

Eine schreckliche Vorstellung für manche jüngeren Frauen, die zu diesem Zeitpunkt eigentlich den „neuen Start ab 35“ anpeilen und sich Versorgungs- und Pflegepflichten nicht aufbürden lassen mögen.
Sie haben keinen Grund, sich ein schlechtes Gewissen zu machen. Denn so hart es auch klingen mag: Kinder- und Enkelerziehung ist eine Einbahnstraße. „Die Lebenskraft, die man in die Beziehung mit den Kindern steckt, kann und muß nicht von ihnen zurückgegeben werden: Es liegt im Sinne des Lebens, daß sich jede Generation wieder um die nächste Generation bemüht, da die ganze Liebe, Fürsorglichkeit, Energie einsetzt, die auch für sie einmal aufgewendet worden ist“, schreibt die Schweizer Psychotherapeutin Verena Kast („Loslasen und sich selber finden“, Herder Spektrum). Die Darmstädter Diplom-Psychologin Ingrid Allißat bestärkt junge Mütter in ihrem gesunden Egoismus gegenüber den älteren, fordernden Frauen: „Hilfsangebote sind Geschenke. Für Geschenke muß man keine Gegenleistung geben.“
Das schließt nicht aus, daß ein für beide Seiten annehmbarer Kompromiß gesucht werden sollte. Um späteren Enttäuschungen vorzubeugen, helfen rechtzeitig ausgesprochene klare Worte. Schwiegermütter müssen begreifen, daß sie sich mit ihrer durchaus willkommenen Unterstützung nicht das Recht auf ständige Anwesenheit oder die Pflicht, sich ständig um sie zu kümmern, erkaufen können.

- *Zweiter Fehler:* Die Schwiegertochter ist eifersüchtig auf die Oma, die sich dem Enkel mit aller Intensität widmet, ihm vorliest, mit ihm spielt und ihm jede Unart durchgehen läßt. Wenn sie diese „Konkurrenz“ nicht ertragen kann, sollte die Mutter versuchen, die Zahl der Oma-Besuche einzuschränken. Es ist eine schwierige Gratwanderung: Kinder

8

können gerade bei ihren Großeltern frühzeitig lernen, daß es auch andere Methoden als die ihrer Eltern gibt, auf bestimmte Situationen zu reagieren. Selbstbewußte Schwiegertöchter mischen sich nicht in die Beziehung Enkel-Großeltern ein, sondern nehmen es hin, daß sie mit der kurzfristigen Abgabe der Verantwortung für ihre Kinder auch ihre Erziehungshoheit beurlauben. Sie sollten die geschenkte Freizeit für sich genießen, statt sich auszumalen, welche Fehler die Großeltern wohl jetzt gerade bei der Enkelbetreuung machen.

- *Dritter Fehler:* Schwiegermütter möchten, bei ihren Kindern wie auch bei den Enkeln, das Rad der Zeit krampfhaft anhalten. Doch die Bedeutung der Oma für die Enkel nimmt immer mehr ab, je älter die Kinder werden und je größer ihr eigener Bekanntenkreis wird. Die Omas sollten die Zeit mit den Kleinen genießen - und nicht auf spätere Dankbarkeit der Enkel spekulieren.
- *Vierter Fehler:* Manche Schwiegermütter tun sich schwer damit, den Erziehungsstil ihrer Schwiegertöchter (und sie selbst) zu akzeptieren. Sie versuchen, sie als schlechte Mütter bei ihren Söhnen oder gar bei Beratungsstellen anzuschwärzen, in der Hoffnung, daß ihr abfälliges Urteil über die Schwiegertochter von neutralen Personen bestätigt wird. Doch bei den professionellen Beratern blitzen sie damit ab. Rudi Damrau vom Darmstädter Kinderschutzbund: „Einer Anruferin, die sich über die Erziehungsmethoden ihrer Schwiegertochter beklagte, wurde vorgeschlagen, ihr Sohn solle doch einmal einen Termin mit uns ausmachen. Der aber meldete sich nie. Wir rieten der Schwiegermutter zur persönlichen Aussprache mit der Schwiegertochter - nur so könne sie etwas Gutes für ihre Enkel bewirken.“

Wie läuft's besser?:

Schwiegermütter sollten mit ihren Schwiegertöchtern genau absprechen, wie sie ihnen bei der Kinderpflege und -betreuung behilflich sein können. Sie sollten sich aber nicht in die Gefahr begeben, ihr (nach Auszug des Sohnes mühsam aufgebautes) neues Privatleben des Enkelkindes wegen völlig aufzugeben. Schließlich sind sie nicht die Mütter, sondern „nur" die Großmütter.

Schwiegertöchter sollten ihre Eifersucht zügeln, wenn das Kind von Oma schwärmt: Es ist doch erfreulich, daß es sich nicht nur von seinen Eltern geliebt und angenommen fühlt.

Die zweite Jugend genießen

Step-Aerobic mit dem Sohn

Gegensätze ziehen sich mächtig an: Caroline Wegner (33) stammt aus einer Akademikerfamilie, in der kein Mitglied einen Nagel gerade in die Wand schlagen kann. Ihr Ehemann Georg (34) dagegen, Einzelkind und Firmenerbe, hat das Handwerkertalent, wie alle Bergmanns, schon in die Wiege gelegt bekommen.

Die Wegners philosophieren gern über Gott und die Welt - Bergmanns packen lieber zu und bauen Häuser. Senior- und Juniorfamilie Bergmann wohnen samt Stiefgroßvater Bergmann auf einem Grundstück am Ende

9

einer Sackgasse im Industriegebiet. Und sie teilen noch mehr als das Grundstück miteinander.

Georg arbeitet in der väterlichen Firma mit, die an die zwei Wohnhäuser der Familie angrenzt. Seine engste Mitarbeiterin im Büro ist seine Mutter Hannelore (51). Die attraktive Frau, nur 17 Jahre älter als ihr Sohn, wird manchmal für Georgs ältere Schwester gehalten. Einmal in der Woche gehen Mutter und Sohn gemeinsam zum Step-Aerobic-Unterricht und haben dabei viel Spaß. Werktags kocht Hannelore für Georg oder sorgt für einen kalten Imbiß - und das nun schon seit über dreißig Jahren.

Schwiegertochter Caroline sieht trotzdem keinen Grund zur Eifersucht. Ihre Schwiegermutter sei eine göttliche Köchin, gibt sie neidlos zu. Was man von ihr nicht gerade sagen könne. Während Georg und seine Eltern nebenan die Firmengeschäfte führen, hütet Caroline ihre beiden kleinen Söhne. Kann das auf Dauer gutgehen, wenn sich Mitglieder einer Großfamilie weder räumlich noch beruflich aus dem Weg gehen können?

Klar, sagt Caroline, eine burschikose, patente junge Frau mit streichholzkurzen Haaren. Weil mit Hannelore einfach kein Streit möglich ist. Und mit Caroline auch nicht, denkt sich der Besucher im stillen. Bei den Wegners war es üblich, über Gefühle zu reden und Konflikte sachlich zu lösen. In den siebziger Jahren gehörten Carolines Eltern zur begeisterten Lesergemeinde des amerikanischen Pädagogen Thomas Gordon. In seinem damals sehr populären Buch „Familienkonferenz" empfiehlt er den Eltern, ihre Kinder als gleichwertige Partner zu behandeln und mit ihnen bei regelmäßigen Wohnzimmerkonferenzen alle Streitfragen und anstehenden Entscheidungen zu klären. Das haben die Wegners wöchentlich mit beiden Töchtern und ihrem Sohn gemacht, und noch heute amüsieren sie sich manchmal über die damals verfaßten Protokolle. Die Gordonschen Konfliktlösungstechniken, geprägt von Fairneß, Gefühlskontrolle und positivem Denken, kommen der vernünftigen Art Carolines sehr entgegen.

Wenn ihr Schwiegervater mit seinem Stiefvater Ärger hat und die beiden kaum noch miteinander reden können, wird die sachliche Caroline von den Männern gern als Vermittlerin eingeschaltet.

Mit Hannelore und ihrem Schwiegervater kam Caroline schon immer gut aus. Schon als Fünfzehnjährige, als ihr Klassenkamerad Georg sie seinen Eltern vorstellte. Selbst in den Jahren, in denen Georg andere Freundinnen hatte, riß die freundschaftliche Verbindung zu der Familie Bergmann nie ganz ab.

Doch Caroline spürte, daß sich durch die Hochzeit atmosphärisch etwas zwischen ihnen verändern würde. Selbstbewußt behielt sie ihren Mädchennamen Wegner bei. Hätte ihr das gerade geänderte Namensrecht diese Möglichkeit nicht geboten, dann hätten Caroline und Georg ihren gemeinsamen Familiennamen beim Münzewerfen festgelegt. Beiden war allerdings klar, daß den stolzen Vater Bergmann eine Nachnamensänderung seines Sohnes tief kränken würde.

Caroline wurde von den Schwiegereltern freundlich aufgenommen, hatte aber den Eindruck, daß sie es nicht gerne sehen würden, wenn sie sich in die Firma „reindrängte". Was sie sowieso nicht vorhatte. Sie richtete in ihrem Haus ein eigenes kleines Steuerberaterbüro ein und arbeitet dort, wenn die Kinder von einer Tagesmutter betreut werden.

Caroline hält sich für eine „Hausfrauenniete". Sie entwickelt nicht den geringsten Ehrgeiz, der göttlichen Köchin Hannelore das Küchenregiment streitig zu machen.

Nachdem die beiden Frauen ihre Wirkungskreise abgesteckt hatten und jede inzwischen weiß, daß ihr die andere nichts wegnehmen will, stand der Harmonie nichts mehr im Wege. Nie platzt Hannelore unangemeldet in die Wohnung von Sohn und Schwiegertochter hinein. Caroline kommt jeden Morgen ins Büro, um ihr kurz - aber wirklich nur kurz - Hallo zu sagen.

Es freut sie, daß die Schwiegermutter einige ihrer Verhaltensweisen übernimmt, sich auch mal etwas gönnt oder mit einer Freundin in Urlaub fährt, statt immer nur an das Geschäft und die Versorgung von Mann und Sohn zu denken. Kauffrau Hannelore, die ihr Leben lang berufstätig war, sich gleichzeitig aber unter den Druck setzte, perfekte Hausfrau und Mutter zu sein, schätzt die Kompetenz und Unbekümmertheit der Schwiegertochter.

„Traumhaft“, schwärmt Caroline, sei der gemeinsame Drei-Generationen-Segelurlaub mit den Schwiegereltern und dem ersten Kind verlaufen. Vielleicht nicht ganz so traumhaft für Hannelore, schränkt sie ein, denn die gewissenhafte Hausfrau weitete ihre Fürsorge und ihren Koch- und Betreuungs-Service während des Urlaubs auch auf Caroline und den Enkel aus. Die junge Mutter genoß das Verwöhntwerden in vollen Zügen. Ohne schlechtes Gewissen.

Caroline schwärmt von dem „tollen, sozialen Netz“ ihrer Familie, auf das sie sich verlassen könne. Die Schwiegereltern stehen immer als Babysitter zur Verfügung, wenn die jungen Eltern ausgehen wollen. Daß Hannelore eine etwas andere Auffassung von Kindererziehung hat, nimmt Caroline gelassen hin: „Wenn ich etwas delegiere, muß ich damit rechnen.“

Im Sommer wird bei den jungen Bergmanns fast jeden Abend auf der Terrasse gegrillt. Freunde radeln auf gut Glück vorbei und bringen Grillgut und Getränke mit, das klappt reibungslos und ohne große Absprachen. Ganz selbstverständlich mischen sich die Schwiegereltern unter Georgs und Carolines Freundesclique, die auch die ihrige geworden ist. Viele Besucher kennen sie schon seit Georgs Schulzeit. Nein, Generationsprobleme gibt es bei Bergmann-Wegners nicht.

Erster Drachenflug mit dreiundsechzig

Berge, Sonne, Schnee. Draußen herrschte schönstes Skiwetter, drinnen, im Ferienhotel, braute sich ein Gewitter zusammen. Denn Kurt, Renate und Marianne waren sauer aufeinander. Marianne (63) schmollte in ihrem Zimmer, tödlich beleidigt. Das kam bei der resoluten pensionierten Studiendirektorin selten vor. Ihre neue Schwiegertochter Renate (31) wünschte, sie hätte sich nie auf diesen Familienurlaub eingelassen. Sie konnte Mariannes aufdringliche Art, sich immer in den Mittelpunkt zu spielen und bei den Skiabfahrten wie ein kesser Teenager unter Kurts junge Sportkollegen zu drängeln, kaum noch ertragen.

„Auf allen Fotos habe ich ein verkniffenes Gesicht, so einen schrecklichen Urlaub habe ich noch nie erlebt,“ erinnert sich Renate. An diesem Nachmittag vor 10 Jahren hatte sich Renate vorgenommen, die Piste allein hinabzufahren, um den giftgrünen Skianzug ihrer Schwiegermutter nicht mehr vor sich sehen zu müssen. Kurt, ihr Mann, und seine Freunde planten, eine neue Abfahrtstrecke zu erproben - ausnahmsweise ohne die sportliche Dreiundsechzigjährige mit dem Jugendlichkeitswahn. „Du gehst nicht mit, Mutter“, donnerte der gereizte Kurt Marianne an. Das fand sie zwar unhöflich und unmöglich, fügte sich aber nach anfänglichem Widerstand. Denn sie hatte da so eine Idee...

Während Renate allein und Kurt mit seiner Clique talwärts wedelten, glitt über die Urlauber lautlos ein bunter Drachenflieger mit zwei Personen hinweg, der fast gleichzeitig mit ihnen unten im Tal ankam. Kurz darauf trafen sich alle Ausflügler wie verabredet in einem Gasthaus. Nur Kurts Mutter fehlte noch.

9

Da ging die Tür auf, eine strahlende ältere Frau im giftgrünen Skianzug stürmte in die warme Stube und schwenkte bunte Fotos in der Hand. Es war Marianne, die begeistert vom ersten Drachenflug ihres 63 Jahre langen Lebens erzählte. Die Worte sprudelten nur so aus ihr heraus, um sie herum drängten sich mit bewundernden Blicken Kurt und seine Skiclique. Kurz vor dem Abflug hatte sie einen Berufsfotografen gebeten, das Ereignis zu dokumentieren. Marianne überließ eben nichts gern dem Zufall.

Renate schnappte nach Luft bei ihrem Anblick, ihr war fast schlecht vor Wut. Gab es denn kein Entrinnen vor dieser Superfrau, die auf allen Gebieten mit ihrer Schwiegertochter konkurrieren wollte? Die Schwiegermutter kostete ihren Triumph weidlich aus. Alle wollten die erstaunlichen Fotos mit dem Drachenflieger sehen. Platzend vor Stolz, versäumte es die sportliche Seniorin nicht, noch ein paar Abzüge für ihre Enkel machen zu lassen.

Inzwischen ist die Familien-Matriarchin mit den knallblauen Augen und den buschigen Augenbrauen 73 Jahre alt, fährt noch immer gern Ski, besitzt ein Cabriolet, spielt täglich Tennis und ist gerade dabei, sich zum

9

Skiurlaub einzuladen, den Renate mit Freundinnen und ihren drei Kindern verbringen will. Das hat sie allerdings nicht Renate, sondern ihrem Sohn Kurt am Telefon mitgeteilt. Renate ist auf hundertachtzig: „Da geht bei mir die Klappe runter. Oh, wie mich diese Distanzlosigkeit meiner Schwiegermutter nervt!“ Sie wird Marianne diese Idee natürlich ausreden, aber sie weiß - das kostet Kraft.

Die Vorzeige-Schwiegermutter löst bei Renate ganz widersprüchliche Gefühle aus. Sie findet Marianne ja irgendwie auch toll. So eine naturwissenschaftlich gebildete, selbstbewußte Mutter, mit der lange, sachliche Gespräche möglich sind, hätte sie in ihrer Jugendzeit selbst gern gehabt. Eine, die nicht „betüttelt“, sondern gleich zur Sache kommt und hilft, freilich oft auch einen unglaublich strengen Lehrerinnenton drauf hat. Weiterer Pluspunkt: „Marianne läßt jeden, wie er ist, sie will keinen umerziehen.“

Aber sie ist mit ihrem Urteil auch ziemlich schnell fertig und hat jedem in der Familie nach dem eigenwilligen Drehbuch in ihrem Kopf seine Rolle zugewiesen. Der älteste Sohn ist der „Patriarch“, seine Frau, eine Professorin, die „Vorzeigeschwiegertochter“, für Renate fiel der Titel „die Warmherzige“ ab, Kurt ist der Lieblingssohn, und der Jüngste mal „Sorgenkind“, mal „der Schönste“.

Renate glaubt, Kurt habe sich in sie - übrigens während eines Skiurlaubs - verliebt, weil er sie für eine Kombination aus Marianne und seiner gefühlvollen Oma hält, die sich zeitweise um ihn und seine früh vaterlos gewordenen Geschwister kümmerte. Tatsächlich wird Renate manchmal für Mariannes Tochter gehalten. Marianne hat sich nämlich Renates Frisur angeeignet, was die äußere Ähnlichkeit der beiden Frauen noch mehr betont. Ein Wesenszug der Schwiegermutter ist Bürochefin Renate keineswegs fremd: „Ich stehe selbst nicht ungern im Mittelpunkt“.

Jahrelang hatte Renate damit zu kämpfen, daß ihr Mann und seine Brüder die Mutter „auf einen Sockel“ stellten. Marianne war immer und aus Überzeugung berufstätig gewesen und vererbte ihren Kindern ihre Zielstrebigkeit und die Lust am Bergsteigen und Skifahren. Keine Frage, daß aus allen Söhnen „etwas werden mußte“. Sogar der Jüngste und einzige Nicht-Akademiker in der Familie hat jetzt Erfolg mit einer eigenen Firma.

Ihre Kinder waren immer Kumpel und Partner für Marianne, aber sie erlaubte ihnen keine Schwäche und keine Durchhängezeiten. Bis heute will sie sich die Zügel in der weit verzweigten Großfamilie nicht aus der Hand nehmen lassen. Immer wieder drängt sie sich mit ihrer Tüchtigkeit und Einmaligkeit in den Vordergrund.

Um ihren sieben Enkeln eine umfassende Familienchronik präsentieren zu können, interviewte sie die entferntesten Verwandten und lieferte schließlich ein mustergültiges Werk ab - sogar mit Tagebucheintragungen verschiedener Vorfahren.

Eine tolle Oma, finden die Enkel. Eine tolle Schwiegermutter, finden Renates Freundinnen. Jein, sagt Renate. „Ich weiß, was ich an Marianne habe, sie würde sich mit all ihrer Energie und ihrem Geld für mich einsetzen, wenn es mir schlecht ginge. Aber ich wünschte, sie wäre feinsinniger und könnte besser spüren, wo sie Distanz halten sollte."

Renate ist insgeheim froh, daß ihr Mann Kurt nach einer persönlichen Krise ein kritischeres Verhältnis zu seiner jahrelang vergötterten Mutter entwickelt hat. Die kluge, stets vernunftbetonte Marianne gab ihren Kindern alles - außer Gefühlswärme. Inzwischen kann Kurt zugeben, daß er manchmal unter ihrer Kälte gelitten hat. Nicht ohne Selbstverliebtheit hat sich seine Mutter diesen hohen Sockel gebaut, von dem sie nicht mehr herunter will. „Laß' sie, sie ist alt," sagt Kurt versöhnlich, wenn Renate wieder einmal sauer auf Marianne ist. Eine Einstellung, die ihr hilft, die Eskapaden der unternehmungslustigen Matriarchin zu ertragen.

Das neue Phänomen „Schwiegerschwester"

Sie spielen Tennis, joggen durch die Wälder, folgen Pavarotti von Konzert zu Konzert, lernen chinesisch, tanzen afrikanisch, lassen sich das Fett aus dem Oberschenkel saugen und meditieren beim Yogi in Indien. Es gibt nichts, was sich finanziell gut gestellte ältere Frauen heutzutage nicht erlauben. Sie nutzen alle Möglichkeiten, um das Leben zu genießen, länger jung zu bleiben und im Wettbewerb mit Jüngeren mitzuhalten. Von Abdankung und Rückzug halten sie ebenso wenig wie die Queen von England. Generationswechsel - was ist das?

Eine völlig neue, irritierende Schwiegermuttergeneration kommt da auf die jungen, modernen Frauen von heute zu. Die „Schwiegerschwester", ein bißchen zu jugendlich gekleidet und zu unternehmungslustig für ihr Alter. Sie will attraktiv sein und bleiben, auch für ihre Söhne. Daß sie noch längst nicht zum alten

9

Eisen gehört, beweist sie beim Sport oder der Gymnastik. Doch was für die ältere Frau ein Erfolgserlebnis ist - seht her, wie gut ich mithalten kann -, wirkt aus dem Blickwinkel der Jüngeren oft aufgesetzt und krampfig. Die Schwiegermutter mag sich ja jung fühlen, aber sie ist es halt nicht mehr. Warum orientiert sie sich an der Generation ihrer Kinder und nicht an ihrer eigenen? Merkt sie nicht, daß sie ihre Jugend damit nicht zurückgewinnen kann?

Schwiegermütter wie Marianne oder Hannelore sind anstrengend und eine Herausforderung für jede Schwiegertochter. Die muß sehr selbstbewußt und diplomatisch sein, um neben solchen dominanten Damen bestehen zu können. Caroline und Renate sind so klug, sich auf ihre eigenen Stärken zu konzentrieren und ihren Schwiegermüttern nicht die Show zu stellen. Sie haben schließlich auch ihre Qualitäten.

Andererseits flößt das „Forever-young"-Vorbild der „Schwiegerschwestern" den jungen Frauen auch Zuversicht ein: Altwerden kann so schrecklich nicht sein, wenn es möglich ist, mit 51 Jahren - das entspricht der Lebenserwartung der Frauen um die Jahrhundertwende! - bei der Step-Aerobic mit dem Sohn mitzuhalten und mit 63 Jahren noch mit dem Drachenfliegen anzufangen.

Wie sagte doch Picasso: „Man braucht sehr lange, um jung zu werden".

Immer da, wenn sie gebraucht wird

Die Schwiegermutter fährt meilenweit um zu helfen

Ein Leuchten huscht über Erikas (34) Gesicht, wenn sie von ihrer Schwiegermutter Maria (73) erzählt. „Die Oma ist so jung!" Und sie sei überhaupt nicht altmodisch, obwohl sie doch auf dem Lande lebt. Maria besitze Geschmack und Statur, liebe Kleider in kräftigem Rot und werde von allen glatt auf zehn Jahre jünger geschätzt.

Im Winter hat sie sich ihre vierjährige Enkelin Elisa geschnappt und ist mit ihr erst auf dem Schlitten, dann auf einem blauen Plastiksack den Schnee-

hang heruntergerutscht - ein Riesenspaß für beide. Montagabends geht Oma in ihre Meditationsgruppe, mittwochs turnt sie, und am Wochenende wandert sie mit dem Odenwaldclub. Auch die Freuden des Reisens hat sie im Alter entdeckt und die späte Begegnung mit Wien, Prag und Korsika so richtig genossen.

„Das, was geht, wird gemacht", lautet das Motto der aufgeschlossenen alten Dame. Sie läßt sich von ihrer Osteoporose und anderen Wehwehchen des Alters nicht unterkriegen. Wie eh und je versorgt sie den anspruchsvollen Ehemann, das Haus und einen Riesengemüsegarten. Ist ein morscher Baum zu fällen, fragt sie nicht lange „wer macht's?", sondern holt die Säge, schlüpft in ihre Gummistiefel und erledigt die Aufgabe. „Auch wenn sie nur halb kann, ist sie ganz da" - diese Selbstdisziplin imponiert ihrer Schwiegertochter.

Seit 18 Jahren kennen sich Erika und Maria, und noch nie haben sie Streit miteinander gehabt. Meinungsverschiedenheiten schon. Aber in deren Verlauf wird Maria zur geschickten Diplomatin: „Mach' es doch, wie du denkst, Erika." Auf ihre offene, freundliche Art hat Maria ihre damals 16 Jahre alte künftige Schwiegertochter schon bei der allerersten Begegnung für sich eingenommen und bald ins große Herz geschlossen: „Komm herein und iß mit uns". Nach dieser Einladung nahm die junge Erika am großen Tisch Platz und gehörte von da an zur Familie.

Für Maria, die Mutter von drei Söhnen ist und sich stets eine Tochter wünschte, wurde Erika eine Art Tochterersatz. Wäre sie noch mal jung, seufzt die Oma manchmal, wenn Opa gerade weghört, dann würde sie in ihrem Leben so manches anders machen. Wie ihre Schwiegertochter Erika würde sie einen Beruf erlernen. Wahrscheinlich wäre sie Krankenschwester geworden - und hätte ihren Mann nicht bis zur Unselbständigkeit verwöhnt. Denn den einmal von ihr eingeführten Service-Standard kann sie jetzt, kurz vor der Goldenen Hochzeit, nicht mehr zurückschrauben. Opa betrachtet das tägliche Drei-Gänge-Menü als Selbstverständlichkeit und erwartet, daß sie aufspringt, wenn er den Salzstreuer vor seiner Nase sucht. Das ärgert Maria im stillen, und sie warnt manchmal ihre Schwiegertochter vor ähnlichen Fehlentwicklungen in der Partnerschaft: „Da mußt du aufpassen“.

In den ersten Jahren ihrer Ehe wohnte Erika mit ihrem Mann, einem Bauingenieur, in Berlin, München und Frankfurt. Als sie während ihrer „Berliner Zeit“ - damals gab's die Mauer noch - operiert werden mußte, konnte sie auf ihre Schwiegermutter zählen. Maria kochte ihrem anspruchsvollen Gatten zuhause das Essen vor, fror es ein, setzte sich in den Zug, kam nach langer Fahrt todmüde in Berlin an und kümmerte sich zwei Wochen intensiv um die Patientin. Erika: „Sie fragte: Was soll ich für dich machen? Und genau das machte sie auch“.

Wenn „die Oma“ gebraucht wird, weil eine starke Erkältung Erika schachmatt setzt und die kleine Elisa versorgt und in den Kindergarten gebracht werden muß, fackelt die Dreiundsiebzigjährige nicht lange, setzt sich auch bei Nacht, Schnee und Eis in ihr Auto und fährt die 45 Kilometer zum Haus von Sohn und Schwiegertochter.

Diese Frauenkumpanei ist Erikas Mann schon fast unheimlich, und Erika vermutet, daß er sich in manchen Dingen erst gar nicht an seine Mutter wendet, weil er keine Verbündete, sondern stets die Komplizin seiner Frau vor sich hat.

Vom Typ her sind sich die beiden Frauen sehr ähnlich: beide offen, zielbewußt und aktiv. Und beide sehen zuerst das Positive im Leben und in den Menschen. Zur Zeit liegt die tüchtige Schwiegermutter, die immer für andere da ist, mit Grippe im Bett und braucht selbst Hilfe. Diesmal hat Erika vorgekocht und wird Maria, in Abstimmung mit den beiden anderen Schwiegertöchtern, pflegen. Die Liebe, die sie so verschwenderisch gibt, bekommt „die Oma“ jetzt vielfach zurück.

Liebe auf den ersten Blick

Geburtstag auf einem Bauernhof bei Friedberg. Emma wird 55 und freut sich, ihre drei Kinder wie in alten Zeiten wieder einmal um sich zu haben. Vor allem den jüngsten Sohn Hannes, der selten vorbeikommt, seit er in Frankfurt wohnt. Das beschauliche dörfliche Leben seiner Eltern und der beiden Geschwister war noch nie nach seinem Geschmack gewesen. Am wohlsten fühlt er sich immer im Reizklima der Großstädte.

Sein Auto biegt in den Hof ein. Emma sieht, daß Hannes nicht allein aus dem Wagen steigt. Neugierig betrachtet sie seine Begleiterin, eine aparte, schick gekleidete, etwa 35 Jahre alte Frau mit einer eigenwilligen Kraushaarfrisur. Sie hat sympathische Augen, denkt Emma. Hannes redet nicht lange um den heißen Brei herum: Liebe Eltern, das ist Katja. Wir leben schon eine ganze Weile zusammen und werden bald ein Kind haben. Aber schlagt es euch bitte aus dem Kopf, daß wir heiraten werden.

Neun Jahre ist das jetzt schon her. Emma ließ sich damals nicht anmerken, daß sie schockiert war. Zwar gefiel ihr Katja, die Soziologin mit dem Doktortitel, auf Anhieb, aber mit der „wilden Ehe“ ihres Sohnes war sie ganz und gar nicht einverstanden. Emmas Sympathie für die Schwiegertochter ohne Trauschein stand im Widerstreit zu ihrer konservativen Erziehung, ihrem Ordnungssinn und ihrer religiösen Überzeugung. Mehrfach hakte sie vorsichtig nach: Wäre eine Heirat nicht besser für euch und das Kind?

Da Emma mit ihren Vorstößen aber immer wieder auf eine Mauer der Ablehnung prallte, beschloß sie, sich zu diesem Thema einfach nicht mehr zu äußern. Sie hat längst eingesehen, daß andere Menschen nach anderen Regeln leben wollen als sie selbst und daß sie sie nicht zu ihrem Lebensstil bekehren kann.

Am Abend jenes denkwürdigen Geburtstages sagte sie vor dem Schlafengehen zu ihrem Mann: „Gott sei Dank, daß der Hannes endlich die Richtige gefunden hat.“ Ja, Emma war geradezu erleichtert über die Wahl ihres Sohnes, weil sie mit Schrecken an seine frühere Freundin zurückdachte, der so gar nichts an einem guten Verhältnis zu seinen Eltern lag. Auf Emmas freundliche, warmherzige Begrüßung „es freut mich, Sie kennenzulernen" hatte die Ex-Freundin mit einem schnippischen „nur notgedrungen" reagiert.

Manchmal vergleicht Emma die unverheiratete Katja mit ihrer anderen Schwiegertochter, die den Gang zum Standesamt und zur Kirche nicht scheute, auch sonst ein konventionelles Familienleben führt und keinen Anlaß zum Dorfklatsch gibt. Aus Emmas Worten klingt deutlich heraus, daß sie Katja die herzlicheren Gefühle entgegenbringt. „Sie ist weich, ruhig und zuvorkommend," schwärmt sie geradezu. „Die andere ist das glatte Gegenteil davon." Aber dann folgt doch ein leiser Selbstzweifel, und sie nimmt die letzte Bemerkung zurück: „Es liegt ja vielleicht an mir, daß ich das so empfinde".

Immer wird die bescheidene, rücksichtsvolle Emma zuerst die Schuld bei sich suchen, wenn es Konflikte gibt.

Sie nennt ein Beispiel: Als ihr Ältester und seine Frau verreist waren, hütete sie deren Wohnung und kam eines schönen Tages, als die Sonne den Schmutz auf den Scheiben besonders deutlich zur Geltung brachte, auf die Idee, alle Fenster zu putzen. Damit hoffte sie ihrer Schwiegertochter eine kleine Freude zu machen. Doch die junge Frau empfand die Putzaktion als Kritik an ihren hausfraulichen Qualitäten und war tief beleidigt.

Die souveräne, berufstätige Katja, inzwischen zur Behördenleiterin aufgerückt und Chefin von hundert Mitarbeiterinnen und Mitarbeitern, hätte nie so reagiert. Bei ihr und Hannes ist alles klar geregelt und durchschaubar für Emma.

Katja organisiert Haushalt und Kindererziehung mit bezahlten Helferinnen. Nach einem aufreibenden, anstrengenden Berufstag will sie sich nicht auch noch mit Putzen, Aufräumen und Staubsaugen beschäftigen. Emma war bei einem ihrer wöchentlichen Besuche aufgefallen, daß die Haushälterin eine Schmutzecke übersehen hatte. Daraufhin fragte sie ihre Schwiegertochter vorsichtig, ob sie sich darum kümmern solle und bekam zur Antwort: Du kannst es machen, wenn du es möchtest und wie du es möch-

10

10 test. „Katja war mit allem einverstanden und zufrieden", freut sich die Schwiegermutter. Sie lobt den guten Einfluß ihrer Schwiegertochter auf Hannes: „Früher hatte er lange Haare und machte sich nicht viel aus guter Kleidung. Heute zieht er sich sehr geschmackvoll an. Das hängt natürlich auch mit seinem Beruf zusammen."

Viele Jahre hat Emma zusammen mit ihrem Mann Günther in der Landwirtschaft gearbeitet und sich im Familienbetrieb um die Schweine-, Rinder- und Hühnerzucht gekümmert. Unterstützt von Günthers Mutter, die im selben Haus wohnte, zog sie zwei Söhne und eine Tochter groß. Als ihre Schwiegermutter krank und zum Pflegefall wurde, wechselte sich Emma mit ihrer Schwägerin bei der Pflege der alten Frau ab, wie es in solchen Fällen auf dem Dorf üblich war. „Die Schwiegermutter hat mir und meinen Kindern mehr geholfen als meine eigene Mutter. Sie hat die Kinder erzogen, wenn ich von morgens bis abends auf dem Feld war," sagt Emma anerkennend.

Pflegedienste würde sie von ihren eigenen Kindern oder gar den Schwiegerkindern weder verlangen noch erwarten. Emma käme nicht auf die Idee, Dankbarkeit einzuklagen, sie stellt sich vielmehr auf ihre Familie ein und versucht, deren Wünsche und Bedürfnisse mit ihren eigenen in Übereinstimmung zu bringen. So ist es ihr trotz der Entfernung der beiden Wohnorte Friedberg-Frankfurt gelungen, der achtjährigen Laura, dem Töchterchen von Katja und Hannes, eine aufmerksame Großmutter zu sein. Seit Laura in Frankfurt zur Welt kam, besucht sie die Kleine regelmäßig einmal in der Woche und nahm dafür anfangs stundenlange Zugfahrten in Kauf. Erst seit ihr Mann Rentner ist und sie mit dem Auto zu Laura mitnehmen kann, hat sie es bequemer.

Früher pflegte Emma das kleine Mädchen am Donnerstag, dem „Oma-Tag", vom Kindergarten abzuholen und nachmittags mit ihr zu spielen oder spazierenzugehen. Nachts wachte sie bei ihr, wenn Hannes und Katja in Sachsenhausen Freunde besuchten oder ins Kino gingen. Seit Laura eingeschult und Mitglied im Tennisverein ist, zieht das kleine Mädchen an manchen Donnerstagen das Spiel mit Freundinnen und Sportkameradinnen dem Zusammensein mit den Großeltern vor. Emma fühlt sich deswegen aber nicht zurückgesetzt oder beleidigt. „Ich bin lernfähig", sagt sie „und seit zehn Jahren Oma. Seitdem beurteile ich vieles anders. Meine vier Enkelkinder sind so unterschiedlich, jedes hat seine eigene Persönlichkeit, und darauf versuche ich mich einzustellen."

Daß ihre Kinder nicht mehr mit ihr zusammenwohnen, empfindet Emma heute geradezu als Erleichterung. Es sei doch gut, daß man nicht alles von ihnen gleich mitbekomme, sonst würde man sich Gedanken machen und sich vielleicht unnötig beunruhigen, erklärt sie. Diese Generation habe nun einmal einen anderen Lebensstil, andere Lebenserwartungen und finanzielle Möglichkeiten als sie und ihr Mann. „Günther sagt immer: Wenn wir heute jung wären, wären wir auch anders und würden vieles anders machen.".

Nie kommt Emma uneingeladen zu ihren Kindern. „Hoffentlich fallen mir immer die richtigen Worte ein", wünscht sie sich. „Man will ja niemanden verletzen und nichts verkehrt machen.“ Als kürzlich Katjas Mutter starb und Emma ihre Schwiegertochter zu trösten versuchte, sagte Katja spontan: „Jetzt bist du meine Mutter“. Das rührte Emma sehr: „Daß ich das für dich sein darf...“ Es waren die richtigen Worte.

Die Leiden der guten Schwiegermutter

Mit ihrer Schwiegermutter versteht sich Sophia (36) viel besser als mit ihrer eigenen Mutter, denn sie ist genauso herzerfrischend direkt und sachlich wie sie selbst. Mit Clara (62) kann sie einfach über alles reden, und selbst nach kleineren Meinungsverschiedenheiten, zum Beispiel über Erziehungsfragen, bleibt nie ein Unmutsfältchen auf der Stirn der Schwiegermutter zurück. Sophia: „Ich lernte sie kennen, als mein späterer Mann, ihr Sohn, seinen neunzehnten Geburtstag feierte. Seitdem empfand ich sie immer als unterstützend, nie hemmend.“

Dabei muß die Zweiundsechzigjährige seit vierzig Jahren einen „bitterbösen Spagat“ zwischen Pflicht und Neigung aushalten, der sie schon viel Kraft gekostet hat. Sie ist ein klassisches Schwiegermutteropfer und wird es zu Lebzeiten von Uroma Agnes auch bleiben. Nur der Tod kann die unglückliche Beziehung der beiden Frauen beenden.

Sophia bedauert Clara von ganzem Herzen. Jetzt, wo sich's Clara und ihr Mann Kurt endlich leisten könnten, zu verreisen und sich noch ein paar schöne Jahre zu machen, fängt Agnes plötzlich zu kränkeln an und wird depressiv. Die Schwiegereltern trauen sich nicht, die alte Frau allein in dem Zweifamilienhaus zurückzulassen. Uroma Agnes ist zwar kein Pflegefall, aber sie braucht ständige Fürsorge. Es hat sich eingespielt, daß Clara für sie kocht und zum gemeinsamen Mittagessen in ihr Eßzimmer holt. Ihr ganzes Eheleben lang lebt Clara nun schon mit der Mutter ihres Mannes unter einem Dach zusammen und leidet unter ihren Launen, die durch den beginnenden Altersstarrsinn noch verstärkt werden. Nie konnte sie es der kritischen Kriegerwitwe recht machen.

Agnes mußte ihre beiden Söhne allein aufziehen, es waren harte Jahre für sie. Lange Zeit wußte sie nicht, ob ihr Mann gefallen war. Er galt als „vermißt“, und das konnte alles bedeuten: daß er am nächsten Tag vor der Tür stand - oder nie mehr wiederkam. Die Zukunft war nicht planbar. Agnes blieb allein, verliebte sich nie mehr in einen Mann und konzentrierte all ihre Aufmerksamkeit auf ihre Söhne. Die wurden größer, heirateten. Ihre Frauen zogen mit ein. Doch das Haus war für fünf Personen erdrückend eng, und Kurts Bruder und seine Frau suchten sich im Nachbardorf eine Wohnung.

Die Haushalte von Clara und Agnes sind zwar getrennt, aber ständige Begegnungen und Reibereien unvermeidbar. Agnes schien lange Zeit nicht zur Kenntnis nehmen zu wollen, daß ihr Sohn inzwischen seine eigene Familie hatte. Kurt spürte, wie unglücklich seine Frau über ihre harschen Bemerkungen war und versuchte, sie zu trösten. Aber er fühlte sich auch verpflichtet, für seine Mutter zu sorgen. Beide wären nie auf die Idee gekommen, Agnes sich selbst zu überlassen und wegzuziehen. In ihrem Dorf war es selbstverständlich, mit der Elterngeneration zusammenzuleben, auch wenn es allen Beteiligten schwerfiel. Da hieß es eben: Zähne zusammenbeißen.

Agnes versteht es meisterhaft, ihre Schwiegertochter mit kleinen spitzen Bemerkungen herabzusetzen. Oft hält sie ihr als leuchtendes Beispiel ihre zweite Schwiegertochter vor, die Agnes freilich nicht sehr häufig sieht. Oder sie beschwert sich über Claras Ordnungssinn, den sie für völlig überzogen hält. Noch heute wirft sie Clara vor, den Boden beim Putzen so glatt zu machen, daß sie darauf ausrutschen könnte. Früher spannte Agnes auch ihre Enkelkinder ein, um die ungeliebte Schwiegertochter zu ärgern. Sie erlaubte ihnen nämlich in ihrem Teil des Hauses alle Unarten, die ihnen ihre Mutter Clara ein Stockwerk tiefer ausdrücklich verboten hatte.

Um so bitterer ist es jetzt für die zweiundsechzigjährige Clara, daß sie durch die Altersgebrechen ihrer Schwiegermutter noch mehr in ihrer eigenen Handlungsfreiheit eingeschränkt ist.

Wieviel lieber würde sie sich um ihre elf und sieben Jahre alten Enkelkinder in der 40 Kilometer entfernten Großstadt kümmern und ihre Schwiegertochter Sophia so entlasten, daß diese wieder berufstätig sein kann. In schwachen Stunden weint sie sich bei Sophia aus. Oh, wie ihr diese undankbare, nörgelnde alte Agnes auf die Nerven geht! Nie käme Clara auf die Idee, darüber in ihrem Heimatdorf mit Freundinnen oder Nachbarinnen zu sprechen und ihnen ihr Herz auszuschütten. Das gehört sich einfach nicht. Unvorstellbar ist es für sie auch, die Uroma ins Altenheim abzuschieben.

Als Großstädterin kann Sophia das stumme, gottergebene Leiden ihrer Schwiegermutter nicht so ganz nachvollziehen. Sie bringt das Gespräch öfter auf die „gute Schwiegertochter", die ja angeblich so perfekt sein soll. Könnten zur Abwechslung nicht auch mal diese Frau und ihr Mann, Agnes' zweiter Sohn, die Betreuung der alten Frau übernehmen und Kurt und Clara entlasten? Gibt es im Dorf denn noch keine ambulanten Dienste, wird dort kein „Essen auf Rädern" ausgefahren? Doch für Clara wäre die Inanspruchnahme fremder Hilfe wie ein Eingeständnis von Lieblosigkeit, Versagen, ja Verrat der Familienehre. Lieber quält sie sich mit dem ab, was sie für ihre Schwiegertochter-Pflicht hält. „Sie steht sich moralisch selbst im Weg", sagt Sophia kopfschüttelnd.

Die leidgeprüfte Clara weiß allzu gut, was eine Schwiegermutter falsch machen kann - und davon profitiert nun Sophia. Denn Clara kennt und vermeidet alle Fettnäpfchen. Alle vier Wochen läßt sie sich bei Sophia gern „in den Schoß der Familie fallen", bringt Kuchen mit, hilft beim Kochen, deckt den Tisch ab. Aber sie würde sich nie in ihres Sohnes Leben oder Sophias Haushaltsführung einmischen. Für ihre Enkel ist sie der Inbegriff einer geliebten Oma, die auf die Wünsche der Kinder eingeht und ihnen selbstgestrickte Pullover und Gebasteltes mitbringt, in das sie ihre ganze Großmutterliebe einfließen läßt. Sophia wünschte sich, Clara öfter um sich zu haben, und Clara wäre nur allzu gern dazu bereit. Aber die Entfernung zwischen den Wohnorten und Uroma Agnes' Betreuung verhindern eine intensivere Beziehung.

Doch Sophia weiß jetzt, wie sie ihren Schwiegereltern die stete Hilfsbereitschaft vergelten und ihnen zu einem unbeschwerten Urlaub verhelfen kann: Zusammen mit ihrem Mann und dem Bruder des Schwiegervaters wechselte sie sich vierzehn Tage bei der Versorgung von Uroma Agnes ab. Kurt und Clara erholten sich in dieser Zeit mit gutem Gewissen bei ihrer Donaureise. Sophia meint, die alte, aber lernfähige Agnes habe sich schnell auf die neue Situation eingestellt. „Wir sind viel hin und hergefahren", sagt sie, „aber so, wie wir's gemacht haben, war es auch praktikabel. Agnes hat gemerkt, daß wir sie nicht im Stich lassen. Und wenn ihr vielleicht auch nicht alles gepaßt hat, sie hat es akzeptiert - akzeptieren müssen." Zu solchen Entspannungsurlauben will Sophia ihrer Schwiegermutter Clara nach dieser geglückten Premiere jetzt öfter verhelfen.

Neue Aufgaben im Alter

Der Kurs des Frauenrings hieß „Spurenwechsel" und sollte Frauen ab fünfzig Mut machen, ihr Leben zu überdenken und Änderungen in Erwägung zu ziehen. Sabine brachte ihrer Mutter eines Abends den Anmeldezettel mit. „Was meinst du, Mutti, das könntest du dir doch mal anhören?" Ria dachte: „Warum eigentlich nicht?"

Mit ihren 69 Jahren war sie die älteste Teilnehmerin. Ria, Mutter von drei Kindern und Oma von zehn Enkelkindern, ist seit zehn Jahren verwitwet und wieder ganz intensiv Tochter, seitdem sie ihre Mutter (92) zu sich genommen hat. Die pflegebedürftige alte Dame kommandiert sie herum wie in alten Zeiten, was sich Ria aber nicht mehr bieten lassen mag. „Ich hab' mir gesagt: So wirst du mal nicht werden. Ich versuche, es mit Humor zu nehmen, daß sie bei mir das Regiment führen will."

Ria ist eine unauffällige, unaufdringliche Frau, deren Stärken sich erst bei näherem Kennenlernen zeigen. Sie hat sich in ihrem Leben vielem gefügt und vielen untergeordnet. Als ihre Kinder noch klein waren, hätte sie gerne die Weihnachts- und Osterfeste ohne ihre Eltern, nach ihren eigenen

Vorstellungen gefeiert. Aber sie brachte es nie übers Herz, die beiden auszuladen. Ihnen war es so wichtig, in die Familie der Tochter integriert zu sein. Und schließlich hatten sie ihrem einzigen Kind und dem Schwiegersohn nach dem Krieg ja auch tatkräftig beim Existenzaufbau geholfen. Ria will nicht undankbar sein, aber sie brauchte den Kurs „Spurenwechsel", um sich endlich gegen ihre alte Mutter durchzusetzen. „Wenn ich nicht aufpasse, werde ich von ihr in meiner eigenen Wohnung untergebuttert", fürchtet sie.

Die nunmehr Siebzigjährige glaubt, sie sei durch den Kurs selbstbewußter geworden und traue sich jetzt häufiger, ihre Meinung zu vertreten. „Unsere Generation wurde ja ganz anders erzogen als die heutige, wir haben immer gehorcht. Man ist vielleicht ein bißchen zu pflichtbewußt."

Nie hat sie dagegen rebelliert, daß ihr Mann immer nur in den Bergen Urlaub machen wollte. Dabei war sie so neugierig auf das Meer. Tirol und

die Steiermark, tröstete sie sich, sind ja auch ganz schön. Nach seinem Tod holte sie viele ihrer Wunschreisen nach. Jetzt schwärmt sie von ihren Neuentdeckungen, von italienischen Städten und der Toskana.

Jahrzehntelang lebte Ria, die vor der Ehe kurz als Kinderpflegerin gearbeitet hatte, nur für ihre Familie. Neunundvierzig war sie, als das dritte Kind Sabine, „die Kleine“, Vaters Liebling, auszog. Wie leer und still die Wohnung auf einmal war! Ria sagte sich: Du mußt was machen. Sie besuchte einen Schwesternhelferinnenkurs und bewarb sich für den Krankenhausdienst. Da zu dieser Zeit Pflegekräftemangel herrschte, wurde sie mit Kußhand genommen. Ria hielt Sitzwachen bei Schwerkranken, kontrollierte ihren Blutdruck, das Fieber und den Stuhlgang. In der Kinderklinik bekam sie das Leid der Eltern von Frühgeborenen und behinderten Kindern hautnah mit, im Stadtkrankenhaus wachte sie bei Sterbenden. „Diese Arbeit hat mir fürs Leben viel gebracht,“ glaubt Ria. „Ich habe meine Fähigkeiten besser kennengelernt und auch die Grenzen, die das Leben so setzt. Im Krankenhaus habe ich zum ersten Mal Leute sterben sehen.“ Manchmal kam sie erst im Morgengrauen nach Hause und traf ihren Mann, der gerade zur Arbeit fahren wollte, an der Straßenbahnhaltestelle.

Die stets nachgiebige, hilfsbereite Ria kann sich über ihre beiden Schwiegersöhne und die Schwiegertochter nicht beklagen. Sie findet es gut, daß ihre Schwiegersöhne manchmal miteinander verreisen und die Kinder mitnehmen, um ihre Frauen zu entlasten. Über ihre einzige Schwiegertochter sagt Ria vorsichtig: „Wir kommen nicht aneinander. Wenn etwas nicht so läuft, wie sie es sich gedacht hat, dann schimpft sie gleich. Da hänge ich mich nicht rein.“ Als die Enkel klein waren, wurde Ria häufig als „Feuerwehr“ eingesetzt. Sie wuchsen heran, der älteste ist schon 25, und Töchter und Sohn führen ihr eigenes Leben in anderen Städten. Man schreibt sich und sieht sich nicht allzu häufig.

Rias Mann wurde pensioniert. Noch intensiver als bisher widmete er sich seinem großen Garten und seinem kleinen Bekanntenkreis. Als er nach einjähriger Krankheit starb, hatte Ria zum ersten Mal niemanden mehr, für

10

den sie sorgen konnte. Das brachte die sonst so beherrschte Frau fast aus dem Gleichgewicht. Sie kochte sich nichts mehr, hatte keinen Appetit, keine Lust, etwas zu unternehmen. Sie starrte nur noch auf den Sessel, in dem er immer gesessen hatte. Da sagte eines Tages eine Bekannte knallhart zu der Neunundfünfzigjährigen: Du verlotterst. Mach' dir das Kochen zur Pflicht. Ria brauchte ein Jahr, um ihre Lethargie zu überwinden.

Vor kurzem ging sie mit ihrer ältesten Tochter, der „Karlsruherin", spazieren und amüsierte sich köstlich über ihr erstauntes Gesicht, weil sie von so vielen Leuten gegrüßt wurde.: „Mein Gott, Mutti, du kennst ja ganz Darmstadt". Bescheiden und stolz wehrte Ria ab: „Also, ganz so schlimm ist es nun auch wieder nicht."

Ria hat einen vollen Wochenplan. Sie singt in drei Seniorenchören mit, ist Mitglied einer Wandergruppe, macht Gymnastik und unternimmt mit Bekannten oder ihren Töchtern Städtereisen. „Ich habe jetzt ganz viele neue Bekannte und kenne unheimlich viele Leute", erklärt sie. Die Siebzigjährige ist der Beweis dafür, daß es nie zu spät ist, sich neue Aufgaben zu suchen. Sie war Tochter, Ehefrau, Mutter, Schwiegermutter, Oma - und gehört jetzt in erster Linie sich selbst. „Ich kenne Frauen, die wissen, was ihre Töchter mittags kochen oder was das Enkelkind gerade für eine Schulnote nach Hause gebracht hat. Die sind ganz fixiert auf ihre Töchter," wundert sie sich. „Aber man muß doch auch sein eigenes Leben gestalten. Oder?"

Wie sind ideale Schwiegermütter?

Sie machen keine Schlagzeilen, aber viele berufstätige junge Mütter glücklich: die „Schwiegerfreundinnen".In jeder Phase des Lebens offen für neue Erfahrungen, nehmen diese idealen Schwiegermütter bis ins hohe Alter Anteil an den Ereignissen um sie herum und finden Mittel und Wege, das Vakuum, das nach dem Auszug ihrer Kinder entstanden ist, für sich neu auszufüllen.

Sie sind tolerant, halten ihre (bürgerliche) Auffassung nicht für die einzig richtige und können es ertragen, daß Kinder und Schwiegerkinder andere Lebensformen ausprobieren wollen, „wilde Ehen“ etwa oder Wohngemeinschaften. Für die Jungen beginnt nach dem Weggehen die Experimentierphase des Zusammenlebens, für die Älteren der lange Nachmittag des Lebens - aber noch lange nicht der Lebensabend. Elternsein ist ein vorübergehendes Projekt.

Die Energie, die eine Mutter aufgebracht hat, um ihre Kinder zu versorgen, zu behüten, ihnen Orientierungshilfe zu geben, verpufft nach deren Wegzug nicht. Aber sie braucht neue Wirkungsfelder, damit sich nicht Verbitterung und Enttäuschung ablagern.

Vor dem Anblick des „leeren Nestes“ haben Frauen mit traditioneller Erziehung und wenig Selbstvertrauen große Angst. Sie glauben, jetzt nichts mehr wert zu sein. Nachdem sie sich jahrzehntelang nach anderen gerichtet hatten - den Eltern, dem Ehemann, den Kindern, den Schwiegereltern - gehören sie plötzlich zum ersten Mal sich selbst. Was sollen sie mit sich anfangen? Manche fallen in das tiefe Loch der Depression oder greifen zu „Mutters kleinen Helfern“, den Antidepressiva Alkohol und Tabletten. Glücklicher sind Frauen dran, die gelernt haben, soziale Bindungen zu entwickeln und Trost und Stärkung bei Freunden und Bekannten finden können.

Denn der Abschied von der Elternrolle geht selten ohne innere Kämpfe, Trauer und Selbstzweifel ab. Im Inneren brodeln Eifersucht, Schmerz über das Ende einer wichtigen, vielleicht der wichtigsten Lebensphase, Trauer über den Verlust der intimen Nähe mit dem Kind. Die neue Freiheit scheint dafür zunächst kein gleichwertiger Ersatz zu sein.

Ideale Schwiegermütter, ganz gleich welchen Bildungsgrad sie haben, ob berufstätig oder nicht, sind Frauen mit Einfühlungsvermögen, die ihren Frust und Unmut nicht auf ihre Kinder und Schwiegerkinder abladen, sondern sie dabei unterstützen, sich im Guten von ihnen zu lösen. Zwar trauen sie ihnen durchaus zu, daß sie ihre Probleme selbst bewältigen können, aber sie prüfen auch, wo sie sich bei ihnen vorsichtig einklinken können und wann ihre Erfahrung, Gelassenheit und Zeit gebraucht wird.

Wenn das junge Paar Streit hat, helfen sie diskret, doch ohne Partei für ihn oder sie zu ergreifen. Eheberater wissen, daß sich eine Entfremdung zwischen jungen Eltern oft nach der Geburt des ersten Kindes einstellt. Der Mann fühlt sich aus der innigen Mutter-Kind-Beziehung ausgeschlossen wie ein überflüssiger Dritter. Er versteht die Erschöpfung seiner Frau und ihr mangelndes sexuelles Interesse nicht: Sie ist doch den ganzen Tag zuhause, braucht sich um nichts als um das Baby zu kümmern. Liebt sie ihn etwa nicht mehr?

In dieser Situation erwartet der Sohn Beistand und Unterstützung von seiner Mutter. Wenn sie eine ideale Schwiegermutter ist, hält sie sich mit Verurteilungen zurück - obwohl es ihr natürlich guttut, wie früher von ihrem Sohn ins Vertrauen gezogen zu werden. Aber die Zeiten haben sich, was sie respektiert, geändert. Er hat jetzt eine Frau, und dieser Konflikt mit ihr geht die Mutter/Schwiegermutter nichts an. Den müssen die zwei alleine ausbaden. Habe Geduld mit ihr, kann sie dem Sohn raten. Erfüllst du deine Pflichten ihr gegenüber? Rede darüber besser mit ihr als mit mir. Sie kann den beiden zu einer Atempause verhelfen, indem sie ihnen anbietet, ein Wochenende oder eine Woche lang auf das Kind aufzupassen, damit die jungen Eltern wieder als Paar zusammenfinden.

Die ideale Schwiegermutter weiß, daß sie, um von ihren Familienangehörigen geschätzt zu werden, etwas bieten und für sie wertvoll bleiben muß. Und es gibt viel zu tun. Muttersein heute ist stressiger denn je. Junge Schwiegertöchter und Töchter stehen unter mehrfachem Druck, weil sie gute Erzieherinnen und Ehefrauen sein, aber auch in ihrem Beruf ihre Frau stehen wollen. Da bleibt - was ideale Schwiegermütter nicht als persönliche Beleidigung betrachten - wenig Zeit, auf die Bedürfnisse der älteren Generation einzugehen. Statt nun grollend auf Anrufe zu warten, die nicht kommen oder zu kurz ausfallen, ergreifen ideale Schwiegermütter selbst die Initiative und machen Angebote. Wird eine Babysitterin gebraucht? Kann sie den Enkel auf eine Ferienreise mitnehmen? Soll sie ihn vom Kindergarten oder der Schule abholen? Schreibarbeiten erledigen? Bei den Hausaufgaben helfen?

Ist sie als Oma nicht mehr gefragt, weil die Enkel flügge geworden sind, dann konzentriert sie sich eben stärker auf anderes: auf die Mitarbeit in Vereinen, auf Seniorenreisen, Volkshochschulkurse, ehrenamtliche Tätigkeiten. Dadurch bleibt sie auch als Gesprächspartnerin für ihre Kinder, Schwiegerkinder und Enkel attraktiv.

Dank ihrer vielen Interessen kennen die Schwiegermütter Maria und Ria keine Langeweile. Das Wandern und das Reisen hält beide geistig und körperlich beweglich. Aber wenn ihre Familien sie brauchen, dann sind die beiden Frauen wie eh und je zur Stelle. Bei Maria und Emma fällt auf, daß sie sich mit ihren Schwiegertöchtern fast besser verstehen als mit ihren Söhnen. Erika ist für Maria die Tochter, die sie sich immer gewünscht hat, ihr jüngeres Ich. Die moderne Lebensform ih-

10

rer Schwiegertochter gefällt ihr sogar besser als ihre eigene, und sie würde sie gern übernehmen, wenn es dafür nicht - leider - schon zu spät wäre. Denn einen Beruf kann Maria nicht mehr erlernen und ihren jahrzehntelang von ihr verwöhnten Mann nicht mehr ändern.

Maria, Ria und Emma sind ideale Schwiegermütter, weil sie in sich ruhende, zufriedene und lernfähige Frauen sind. Sie geben aus vollem Herzen, ohne Hintergedanken, und sie haben erkannt, daß Leben mit Bewegung und Veränderung einhergeht. Mit dem Ende der Familienphase tritt kein Stillstand ein. Es ist noch immer viel Zukunft da - nicht nur für die Jungen.

Immer da, wenn sie gebraucht wird

Der Mann mit den fünf Schwiegermüttern

Mit Liz Taylor kann es der Schwarzwälder Urs (56) noch nicht ganz aufnehmen. Die einst schönste Frau der Welt mußte sich im Lauf ihres turbulenten Liebeslebens auf sieben Schwiegermütter einstellen. Urs brachte es bisher zwar erst auf fünf, aber er ist ja auch noch jünger. Der Schwabe, ein Typ wie Hemingway, versteht sich meisterhaft darauf, die Frauen mit kleinen Aufmerksamkeiten und Fürsorglichkeit für sich einzunehmen.

Diese bewährten Mittel setzte er auch bei seinen Schwiegermüttern ein, vielleicht kam er deshalb so gut mit vier von fünfen aus. Oder auch, weil er sich von nichts und niemandem seine Freiheiten nehmen läßt. Das schokkiert viele Frauen - und zieht sie mächtig an.

Nur auf eine seiner Schwiegermütter ist der inzwischen grauhaarige Schreiner, Schiffskoch, Wirt und Hotelier schlecht zu sprechen. Mit dreien hatte er das große Los gezogen: Die hielten ihrem Schwiegersohn unerschütterlich die Treue, als ihre Töchter sich schon längst von ihm abgewandt hatten.

Urs besitzt die Qualitäten eines Stehaufmännchens: Unbeschadet überlebte er einen Absturz aus 13 Metern Höhe beim Drachenfliegen, unbeschadet überstand er fünf Ehen und kostspielige Scheidungen. Seine sieben Kinder liebt er mit väterlichem Stolz aus der Ferne. Sie wohnen bei ihren Müttern, also ganz weit weg.

Urs mag hübsche, zierliche, junge Frauen, die „schaffe könne". Seine Augen funkeln genießerisch, wenn er die körperlichen Vorzüge seiner Ex-Frauen beschreibt. Ihre blauschwarzen oder blonden Haare, ihre seidenglatte Haut, ihr „schöns Brüschtle". Wie hat er sie verwöhnt, seine Frauen: Frühstück ans Bett mit rotem Rösle, Champagner und teure Reisen. Urs, ganz der biedere Schwabe, mag aber auch geregelte Verhältnisse: „Ich bin ein Mensch, der einigermaßen Ordnung will." Deshalb stand er so oft vor einem Standesbeamten.

- *Die Ehe mit Dunja:* Seine erste Schwiegermutter, sagt er, habe voller Achtung zu ihm hochgeschaut. Es gefiel der Kroatin aus einer Adelsfamilie, daß der Seefahrer seiner jungen Frau Dunja - „sie war so wechselhaft launisch, aber sie hat schaffe könne" - immer einen schönen Batzen Geld von seinen Fahrten mitbrachte. Damit konnte sie in Stuttgart eine Kneipe aufmachen. Die Aufgaben waren ungerecht verteilt: Dunja kümmerte sich um das Geschäft, und Urs lernte fast die ganze Welt und die „schönsten Frauen" näher kennen. Während seiner zehnjährigen Ehe mit Dunja sei er „ein wilder Hund" gewesen und habe „lästerlich gesoffen", gesteht Urs. Seine Trunksucht habe seine Schwiegermutter seltsamerweise nicht gestört, aber seine Frauengeschichten machten sie wütend. Als er einmal von einem Ausflug ins Hamburger

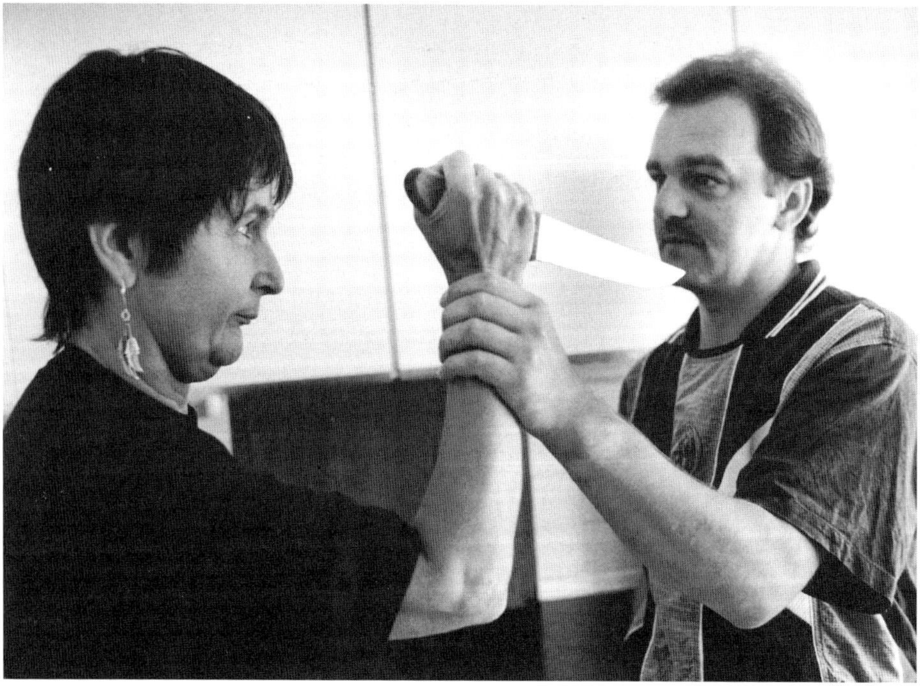

11

Rotlichtmilieu zurückkam, bedrohte ihn die temperamentvolle Kroatin mit dem Messer. Urs ist überzeugt: „Sie wollte mich abstechen“. Er hatte Mühe, die schreiende, um sich schlagende Frau zu bändigen. Doch er verstand ihren Gefühlsausbruch und verzieh ihr großmütig. Schließlich hatte er ein ziemlich schlechtes Gewissen.

Weil es ihn auf die Dauer ärgerte, daß sie sich stets als Anwältin ihrer stillen, zurückhaltenden Tochter aufspielte, sagte er ihr eines schönen Tages „jesusmäßig“ die Meinung und drohte, sie rauszuwerfen. „In meiner Wohnung bestimme ich, du nicht“, machte er ihr klar. Sein Urteil über die erste Schwiegermutter fällt dennoch milde aus: „Sie war keine Böse, sie hat halt ihre Tochter arg geschützt.“ Als er sie Jahre später in Zagreb wiedersah, empfing sie ihn herzlich. Das findet Urs nicht weiter bemerkenswert. Auf Dauer kann ihm keine Frau böse sein, glaubt er.

- *Die Ehe mit Edith:* Seine zweite Ehe hatte seine zweite Schwiegermutter Dorle, eine Sudetendeutsche mit pechschwarzen Haaren (Urs-Kommentar: „Ein tolles Weib“), eingefädelt. Edith war noch ein kleines Mädchen, als Urs mit ihrem Bruder Fußball spielte und mit ihrer älteren Schwester ein Verhältnis hatte. Dorle schien Urs um jeden Preis an ihre Familie fesseln zu wollen. Als die Freundschaft zwischen ihm und der ältesten Tochter nach vier Jahren zerbrach, lenkte sie seine Aufmerksamkeit geschickt auf Edith und ließ die beiden in ihrer Wohnung oft allein. „Sie hat mich mit ihrer jüngsten Tochter regelrecht verkuppelt“, behauptet Urs.

  Die Schwiegermutter, nur ein paar Jahre älter als er selbst, habe ihn ohne Zweifel mehr geliebt als seine Frau. Edith wurde kurz nach der „tollen, schönen Hochzeit“ (Urs) immer „schwieriger“ und verließ ihn schließlich. Da beschwor Dorle ihre Tochter auf Knien, zu Urs zurückzukehren. Er sei doch ein so guter Mensch. „Wie können wir zwei es anstellen, daß wir die Edith zurückkriegen?“ fragte sie ihren Schwiegersohn verzweifelt. Es war ihre fixe Idee, diese Ehe zu kitten. Doch das schaffte sie nicht.
- *Die Ehe mit Vera:* Denn die Sinne ihres Schwiegersohns waren bereits von einem „Erzlumpetier“ namens Vera, der rassigen Tochter eines

braven Polizisten und einer gutherzigen Hausfrau, (Urs: „e Mütterle halt") vernebelt. Vera, schwarzhaarig und grazil, tanzte gern und trug hochhackige Schuhe. Sie half in seiner Kneipe aus, konnte gut kochen und „schaffte super". Bald stellt sie ihn bei Kaffee und Kuchen ihren Eltern vor. Die schienen froh über den soliden Verehrer ihrer flippigen Tochter zu sein und hofften, daß Urs Vera „auf den richtigen Weg" bringen würde. „Wir helfen dir, du wirst es nicht bereuen", versprachen sie dem künftigen Schwiegersohn. Urs war von Vera, ihrem Temperament und ihrem sexuellen Einfallsreichtum lange Zeit überwältigt: Sex zu dritt mit einer Freundin - sie erfüllte ihm alle Männerphantasien und auch diesen Wunsch.

Die Erziehung der drei Kinder überließ Vera einer Nachbarin. Entsetzt stellte Urs fest, daß seine Frau Alkoholikerin war. Er führte heimlich Strichlisten über ihren Kognakkonsum und stellte sie eines schönen Tages zur Rede. „Da kannst du mal sehen, was ich vertrage", war ihre einzige Reaktion. Ihr Vater, der grundsolide Beamte, und „s' Mütterle" standen auf der Seite des Schwiegersohns. Wenn er Hilfe brauchte, konnte er immer auf sie zählen. Die herzensgute Schwiegermutter putzte sein Lokal und versorgte die Kinder, „sie hat mir saumäßig geholfen". Nächtelang saßen sie zu dritt zusammen und überlegten, was sie mit Vera anstellen sollten. Doch nicht einen Tag hörte sie mit dem Trinken auf. Die Schwiegereltern beschworen Urs, zu ihr zu halten. Wenn sie von ihm verlassen werde, sei sie unrettbar verloren.

Er hat sich nie Gedanken darüber gemacht, warum Vera nach der Trennung tatsächlich vom Alkohol loskam. Zwei Jahre nach der Scheidung war sie „trocken".

- *Die Ehe mit Regina:* Dramatisch begann und endete für Urs die Ehe Nummer vier mit Regina. Als er sie kennenlernte, war das Fotomodell aus Sachsen noch verheiratet. „Mit einem Langweiler", merkt der Schwabe giftig an. Wegen Urs ließ sie sich scheiden. Regina, mit der er einen Sohn hat, ist ein wunder Punkt in seinem Leben. Für sie und ihre Mutter, seine vierte Schwiegermutter, findet er nur abwertende Worte wie „verlogen, scheinheilig" und „Saumensch". Beide hätten es

nur auf sein Geld abgesehen, glaubt er. Damals ging es dem Stuttgarter Gastwirt finanziell richtig gut, sein Bierlokal war eine Goldgrube und das gepachtete Hotel Garni ständig ausgebucht. Das aber war nicht die große, weite Welt, an die das Mannequin Regina gewöhnt war. Sie flippte lieber durch die Modezentren München, Paris und London.
Eines Tages kam Urs von seinem Jägerstammtisch zurück und suchte im Wohnzimmer nach einem Umschlag mit 300 Mark. Er war weg. Nur die Schwiegermutter, die Zugang zur Wohnung hatte, konnte das Geld gestohlen haben. „Nie und nimmer“, schwor sie, als er sie zur Rede stellte. Er warf sie raus: „Wer bei mir stiehlt, hat bei mir nichts verloren.“ Als er mit seiner Frau darüber sprach, war Regina empört und verteidigte ihre Mutter.
Urs hatte vor, mit seiner Frau Urlaub in Zypern zu machen - ein Friedensangebot. Er buchte die Reise in einem Stuttgarter Büro, zeigte Regina die Unterlagen: Strahlend fiel sie ihm um den Hals. Zwei Tage später teilte ihm ein befreundeter Anwalt verlegen mit, daß sich Regina von ihm scheiden lassen wolle. Wegen seiner Gewalttätigkeiten. Ihre Mutter werde vor Gericht bezeugen, daß Urs seine Frau in ihrer Wohnung verprügelt habe. Wollte sich „das Saumensch“ (Urs) auf diese Weise für den Rauswurf rächen?
Es wurde eine teure Scheidung, teuer für Urs, der Hotel und Bierkneipe verkaufen mußte und sich dann im Schwarzwald eine neue Existenz aufbaute.

- *Die Ehe mit Claudia:* Die Grafikerin Claudia, seine fünfte und bisher letzte Frau, war es, die ihn auf die Idee brachte, in der Nähe ihres Heimatdorfs eine Pension mit Café zu eröffnen. Als alle Räume des 400 Jahre alten Schwarzwaldbauernhauses renoviert waren, verließ ihn Claudia wegen „der Liebe ihres Lebens“, einem Polizisten aus Stuttgart. Die Schwiegerfamilie im Nachbarort ist empört über das Verhalten der Tochter und unterstützt Urs bei jeder Gelegenheit, als könne das Geschehene damit wieder gut gemacht werden. Claudias Vater und ihre Schwester helfen Urs an den Wochenenden beim Bedienen. Wenn er seine Schwiegermutter, die nur fünf Jahre älter ist als er, bit-

tet, ihm noch geschwind einen Kuchen zu backen, weil ihm das schöne Wetter mehr Ausflügler als erwartet beschert hat, dann bringt ihm die Musterhausfrau gleich zwei vorbei.
Aus dem Schatz seiner Lebenserfahrungen schöpfend, erklärt Urs, derzeit frauenlos und dem Heiratsmarkt wieder zur Verfügung stehend, zum Thema Schwiegermutter: „Den Typ der bösen Schwiegermutter gibt es nicht. Aber es gibt böse oder unehrliche Frauen. Die, die böse oder unehrlich sind, sind es an sich. Aber nicht, weil sie Schwiegermütter sind.“

Wer hilft in Konfliktfällen weiter?

Ruth Gall und die Augsburger Selbsthilfegruppe

Die Augsburgerin Ruth Gall (42), nach ihrer Selbsteinschätzung eine „relativ starke Persönlichkeit", fühlte sich von ihrer Schwiegermutter regelrecht „ausgehebelt". Sie konnte es sich selbst nicht erklären, warum sie unfähig war, sich gegen ihre Attacken zu schützen. Wegen Schlafstörungen und psychosomatischer Beschwerden suchte sie schließlich einen Arzt auf. Er verschrieb Beruhigungsmittel und bezeichnete das Problem als „altbekannt": Ohne Schwiegermutteropfer wäre seine Praxis leer.

Ruth Gall beschloß, nicht mehr Opfer zu sein, sondern sich zur Wehr zu setzen. Sie wollte Leidensgenossinnen suchen und durch den Erfahrungsaustausch mit ihnen Auswege aus ihrem Familiendrama finden. Ein Artikel in der örtlichen Zeitung, in dem ihr Anliegen kurz beschrieben war, löste eine Brieflawine aus. Eigentlich beabsichtigte sie ja nur, eine Gesprächsgruppe für zwei, drei Schwiegermutteropfer zu gründen. Doch es meldeten sich Dutzende von Frauen, die sich über ihre häuslichen Zustände aussprechen wollten.

Aus diesen Anfängen entwickelte sich im Mai 1995 die erste deutsche Schwiegertochter-Selbsthilfegruppe, die Ruth Gall zur Expertin für Schwieger-Fragen aller Art machte. Neunzehn weitere „Kontaktstellen" im Bundesgebiet folgten, alle arbeiten autonom, also unabhängig von der Augsburger Zentrale.

Berichte der Deutschen Presse Agentur, im „Stern" und in „Weltbild" bescherten der Zweiundvierzigjährigen eine unerwartet große Popularität. Brieflich oder telefonisch haben ihr bisher 1.200 Schwiegertöchter und 650 Schwiegermütter ihr Leid geklagt. Ruth Gall weiß eine Erklärung für die erstaunliche Resonanz: Viele Frauen leben in Isolation und Unterdrückung, ihre Freunde und Ehemänner nehmen ihren Konflikt mit der Schwiegermutter nicht ernst, und sie haben sonst niemanden, mit dem sie darüber vertraulich sprechen können.

Inzwischen rufen schon Fünfzehn- und Sechzehnjährige bei Ruth Gall an, wenn sie den Eindruck haben, daß ihre Freunde gar zu sehr vor der Mutter kuschen. Vorbeugend, meint die Augsburgerin aus ihrem reichen Erfahrungsschatz, lasse sich tatsächlich so manche Fehlentwicklung vermeiden. Die Mädchen sollten ihre Freunde einmal nicht „mit verliebten Augen anschauen", sondern sich fragen, welchen Stellenwert eine Partnerin für sie habe.

Ihren eigenen Fall hat Ruth Gall über all den Schilderungen schwiegermütterlicher Gemeinheiten fast vergessen, jedenfalls für sich abgeschlossen. Was ihre eigene Schwiegermutter von ihren Aktionen hält, ist ihr längst „wurscht".

Sie findet es erschreckend, was sich in den Familien alles abspielt. Schwiegertöchter erzählten ihr, daß sie vom gesamten Familienclan systematisch unterdrückt werden. Sie berichteten vom häuslichen „Klein-klein-Terror" wie zerschnittener Wäsche, gestohlenen Sparbüchern, von Kontrollbesuchen in der Wohnung mit Inspektion der Schränke und Schmutzecken. Von Hindernissen, die einer blinden Schwiegertochter auf die Treppe gestellt wurden, damit sie stürzte. Von Versuchen, die Schwiegertochter bei ihrem Ehemann anzuschwärzen.

12

Die Gespräche in der Selbsthilfegruppe sollen den leidenden Frauen helfen, allmählich Selbstvertrauen und Selbstachtung zu gewinnen. „Ich kann sie ein bißchen aufbauen", sagt Ruth Gall über ihre Hilfsmöglichkeiten, „aber nicht ihre Probleme lösen. Das müssen sie selbst tun." Achtzig Prozent der Frauen, schätzt sie, reiche schon ein Telefongespräch, um aus ihrer Passivitäte zu erwachen. Sie schildert ihnen einfach vergleichbare Fälle aus ihrem großen Repertoire und die erfolgreichen Lösungsmöglichkeiten. Das Beispiel anderer Frauen, die sich Rufmord, Kontrolle oder ständige Herabsetzung nicht mehr gefallen ließen, sondern klare, harte Aussprachen mit Schwiegermutter und Ehemann führten, regt so manche Anruferin zum Nachmachen an. Manche Schwiegertöchter kommen immer wieder in die Gruppe, um sich Ratschläge anzuhören, die sie schon auswendig kennen. Aber sie schaffen es einfach nicht, sie in die Tat umzusetzen. Sie sind wie Frauen, die gerne abnehmen wollen und jede Frauenzeitschrift mit Schlankheitsrezepten kaufen, aber ihre Eßgewohnheiten nicht ändern. Ruth Gall will auf niemanden Druck ausüben. Jede Frau müsse für sich herausfinden, was ihr in dieser Situation gut tue. Schnelle Wunder seien ohnedies nicht zu erwarten, denn: „Wir können nicht 30 Jahre wegtherapieren."

Wer etwas verändern will, aber Angst vor der klärenden Aussprache hat und fürchtet, zum Schluß doch wieder klein beizugeben, kann seine Argumente vorab mit einer Freundin einüben, rät sie. Das Alter einer Schwiegermutter sollte kein Hinderungsgrund für schonungslose Offenheit sein. „Alte Menschen sind lernfähig, wenn sie merken, daß sie mit ihren Makken und Mucken nicht mehr durchkommen. Abgrenzen ist oft nicht auf nette Art möglich", sagt die Psychologin und Transaktionsanalytikerin Dorothea Mages, mit der Ruth Gall zusammenarbeitet.

Die Augsburgerin legt Wert darauf, daß das in den Selbsthilfegruppen Besprochene mit Rücksicht auf die betroffenen Frauen nicht an die Öffentlichkeit dringt. Jede Teilnehmerin muß sich schriftlich zur Geheimhaltung verpflichten - und Journalistinnen sind wegen einiger schlechter Erfahrungen in der Vergangenheit sogar ganz aus diesem Kreis ausgeschlossen.

Auf Anfrage nennt Ruth Gall die Adressen der Kontaktstellen in anderen Städten und gibt interessierten Frauen ihre Tips zur Gründung neuer Selbsthilfegruppen weiter. Sie berät Schwiegertöchter und -mütter brieflich (Rückumschlag mit Porto nicht vergessen) und telefonisch. Ihre Adresse:

Selbsthilfe-Initiative für Schwiegertöchter
Postfach 101642
86006 Augsburg
Telefon 0821/662564.

12

Gewaltfreie Kommunikation und Konflikttraining

- „Sei bereit zu verhandeln, bis die Hölle einfriert."
- „Leichter als Vorwürfe zu erheben wäre, sie fallen zu lassen."
- „Wenn jemand grob oder aggressiv ist, heißt das oft: Achte meine Gefühle."
- „Eine Stunde Ärger kostet so viel Kraft, wie acht Stunden Arbeit."

Diese Sprüche, an eine Wandtafel in einem kirchlichen Gemeindehaus geschrieben, sollten die Teilnehmer auf ein ungewöhnliches Seminar einstimmen: Konflikte lösen - und zwar friedlich.

Die Schweizer Referentin Christa Morf, erfahren in Ehe- und Familienberatung, versetzte ihre Zuhörerinnen und Zuhörer schon mit ihrer ersten Frage in tiefes Nachdenken: „Was ist der schlimmste Satz, den Sie sich bisher anhören mußten?" Nach einer ersten Gesprächsrunde nahm sie sich den schlimmsten aller schlimmen Sätze vor. Er hieß: „Du bist für mich der allerletzte Dreck".

Sie wollte Genaueres darüber wissen. Wer hat das wann gesagt, was war der Anlaß? Dann versetzte sie sich in die Situation jenes Vaters, der damit vor 34 Jahren seine Tochter (heute 48) tief verletzt hatte. Im Dialog mit der Tochter spielte die Referentin die Szene vor der atemlos lauschenden Gruppe nach und gewann ihr eine überraschende Seite ab.

Mit der Methode der „Gewaltfreien Kommunikation" des amerikanischen Psychologen Marshall Rosenberg legte Christa Morf die Gefühle des Vaters frei, seine Verletzlichkeit und Angst, die Tochter zu verlieren. Das alles konnte sie aus dem „schlimmsten Satz" heraushören. Was die Tochter jahrzehntelang als unverzeihliche Erniedrigung empfunden hatte, erschien ihr nun verständlich und nachvollziehbar. Sie konnte dem Vater, der längst gestorben ist, nachträglich vergeben.

Die gewaltfreie Kommunikation lehrt, daß ein Mensch, der einen anderen beschimpft, nicht von diesem spricht, sondern von seinen eigenen Gefühlen. Wären die Schimpfworte Pfeile, würden sie den anderen gar nicht erreichen, sondern über seinen Kopf hinwegfliegen. Rächt sich der Beleidigte mit noch schärferen Worten, dann läßt er sich damit auf eine Auseinandersetzung ein, die am eigentlichen Thema vorbeigeht und in einer Sackgasse enden muß.

Wer wütend, enttäuscht oder ärgerlich ist, so lautet Rosenbergs These, der will etwas, was er nicht bekommt. Wie die Schwiegermutter, die gern mehr Familienanschluß hätte, aber mit ihren Lockangeboten wie Hausausbau oder Mitfinanzierung eines gemeinsamen Urlaubs nicht zum Zuge kommt. Regel Nummer eins bei familiären Auseinandersetzungen lautet daher: Man muß dem anderen zuhören, egal was er äußert, und dabei bei sich bleiben und Meister seines Verhaltens sein. Wer wütend wird, ist nicht bei sich. Der Beschimpfte kann gelassen bleiben, wenn er sich sagt: Ich bin nicht verantwortlich für die Gefühle des anderen, und ich bin nicht der Grund dafür.

Es geht nämlich bei der gewaltfreien Kommunikation in erster Linie nicht um die Lösung des Konflikts, sondern um das richtige Zuhören und aufmerksame Beobachten. Der andere soll weder unterbrochen, noch soll ihm widersprochen werden. „Lösungen finden uns, wenn wir in der Lage sind, Bedürfnisse auszudrücken", sagt Christa Morf. „Gefühle sind die Kinder der Bedürfnisse." Die Umgangssprache ist arm an Gefühlsausdrücken. Es muß trainiert werden, die eigenen Wünsche klar auszudrücken und die Wünsche des anderen, die hinter einer Menge verworrener Gedanken und Worte verborgen sind, zu finden. Rosenberg äußerte dazu in einem Interview: „In dem Moment, wo man Menschen dazu bringen kann, darüber zu reden, was sie möchten, anstatt was mit der anderen Person nicht stimmt, sieht man sofort eine Möglichkeit für den Beginn einer Lösung."

Regel Nummer zwei verlangt, dem anderen mitzuteilen, daß er genau verstanden wurde. Und zwar, ohne eine Wertung vorzunehmen oder die eigene Meinung hinzuzufügen. Auf eine „böse" Schwiegermutter bezogen, die sich in alles einmischt, heißt das: Du willst uns sagen, daß du gerne mehr Kontakt mit uns haben und mehr beachtet werden möchtest.

Wer sich mit seinen Gefühlen verstanden fühlt, so Rosenbergs Erfahrung, kann die Tatsache besser respektieren, daß der Gesprächspartner eine andere Position vertritt. Bei diesem Kommunikationsmodell geht es aber keineswegs darum, dem anderen klein beizugeben, sondern darum, ihm in einem dritten Schritt verständlich zu machen, was man selber möchte und was er dafür tun kann.

Viele Mißverständnisse zwischen Menschen, die sich nahestehen, gehen auf eine falsche Erwartung von Liebe zurück. Der Liebende soll erraten, was man braucht, diesen Wunsch erfüllen und seine eigenen Bedürfnisse verleugnen. Das kann nicht klappen, weil der geliebte Partner kein Hellseher ist und sich die Erwartungsvolle - meist sind es ja Frauen, die sich auf diese Weise verstanden fühlen wollen - über ihre Wünsche oft selbst nicht im klaren ist. Die Enttäuschung ist programmiert. Gewaltfreie Kommunikation hilft, die richtigen Worte zu finden und sorgt für klare Verhältnisse und Verständigung auf beiden Seiten.

Über Seminare und Bücher von Marshall Rosenberg informiert das

Zentrum für Gewaltfreie Kommunikation
Im Winkel 3
CH-4313 Möhlin Schweiz,
Tel. 004161/8510873
Fax 004161/8510874

Beratungsstellen und Psychologen

Nicht jede Frau hat eine gute Freundin, der sie sich anvertrauen kann, oder einen Mann, der sie vor ihrer Schwiegermutter (oder Schwiegertochter) in Schutz nimmt. Und doch muß niemand mit seinem Kummer allein bleiben.

Als erste Hilfe in Konfliktfällen bietet sich die örtliche, rund um die Uhr besetzte Telefonseelsorge an. Die Beratung ist kostenlos, und die Mitarbeiter sind zum Schweigen über das Besprochene verpflichtet. Anruferinnen können auf Wunsch anonym bleiben. Träger der rund 100 bundesdeutschen Telefonseelsorge-Einrichtungen sind die christlichen Kirchen. In den meisten Großstädten sind sie unter der Telefonnummer 1 11 01 oder 1 11 02 zu erreichen. Während des Gesprächs klärt sich bald, ob das Familienproblem so schwerwiegend und vielschichtig ist, daß es bei mehreren Treffen mit Fachberatern oder Psychologen besprochen werden sollte.

Nicht nur die Telefonseelsorger, auch die örtlichen Pfarrgemeinden können in der Regel Adressen von Beratungsstellen in der Nachbarschaft nennen. Merkmale dieser Stellen sind: Fachlichkeit und Verschwiegenheit des Personals, Freiwilligkeit der Inanspruchnahme und Kostenfreiheit.

Adressen in Deutschland

Es gibt einen knapp 1.000 Seiten dicken zweibändigen Beratungsführer, der über sämtliche Beratungsstellen in Deutschland, ihre Leistungen, ihre Träger und ihre Anschriften informiert. Herausgeberin ist die

Deutsche Arbeitsgemeinschaft für Jugend- und Eheberatung e.V.
Neumarkter Straße 84c
81673 München

Diese Adressensammlung kann beim Bonner Bundesministerium für Familie und Senioren angefordert werden.

Über Beratungsangebote in den jeweiligen Bundesländern informieren auch die folgenden Geschäftsstellen:

Ehe- und Familienberatung
Bundesgeschäftsstelle:
Neumarkter Straße 84c
81673 München
Tel. 089/4361091
Fax 089/431266)

Lebensberatung - Informationen:
Deutscher Caritasverband e. V.
Karlstraße 40
Postfach 420
79104 Freiburg
Tel. 0761/2000

Diakonisches Werk der Evangelischen Kirche in Deutschland e. V.
Stafflenbergstraße 76
70184 Stuttgart
Tel. 0711/21590

Suchtberatung
Dachverband:
Deutsche Hauptstelle gegen die Suchtgefahren DHS
Postfach 1369
59003 Hamm
Tel. 02381/90150)

12 **Erziehungsberatung**
Bundeskonferenz für Erziehungsberatung e. V., Geschäftsstelle
Amalienstraße 6
90763 Fürth
Tel. 0911/977140
Fax 0911/745497)

Deutscher Kinderschutzbund
Bundesgeschäftsstelle Deutscher Kinderschutzbund e. V.
Schiffgraben 29
30159 Hannover
Tel. 0511/329135)

Adressen in Österreich

Etwa 7.000 Adressen und Telefonnummern sowie ca. 1.300 Beschreibungen einzelner Einrichtungen des sozialen Systems enthält die jährlich erscheinende Broschüre „Österreich Sozial". Darin sind alle Hilfsorganisationen in alphabetischer Reihenfolge aufgeführt. Das kostenlose Buch kann bestellt werden beim

Bundesministerium für Arbeit und Soziales
Sozialservice
Geigerstraße 5-9 / 3. Stock
A-1050 Wien

Diese Broschüre liegt in jeder Gemeinde-/Magistratsverwaltung aus. Dort erfahren Sie auch weitere Adressen der zuständigen Stellen für Beratung.

Überregionale Adressen

Evangelische Frauenarbeit in Österreich
Blumengasse 4/6
A-1180 Wien
Tel. 00222/4089605

Katholische Frauenbewegung Österreichs
Spielgegasse 3/II
A-1010 Wien
Tel. 0222/51552/698

12

Adressen in den Bundesländern

Burgenland

Amt der Burgenl. Landesregierung
Abteilung Gesundheit
Freiheitsplatz 1
A-7001 Eisenstadt
Tel. 02682/600/2662

Kärnten

Amt der Kärntener Landesregierung
Abteilung 13
Arnulfplatz 2
A-9020 Klagenfurt
Tel. 0463/31341

Niederösterreich

Magistrat der Stadt St. Pölten
Gesundheitsverwaltung
Rathausplatz 1
A-3100 St. Pölten
Tel. 02742/333

Oberösterreich

Amt der Oberösterr. Landesregierung
Abteilung Sozialhilfe
Altstadt 30
A-4010 Linz
Tel. 0732/7720/5630

Salzburg

Amt der Salzburger Landesregierung
Ref. f. Familienangelegenheiten
Schwarzstraße 21/3
A-5020 Salzburg
Tel. 0662/871227

Steiermark

Amt der Steierm. Landesregierung
Referat Sozialarbeit
Paulustorgasse 4
A-8011 Graz
Tel. 0316/877/3537

Tirol

Verein Tiroler Frauenhaus
Dorf 31
A-6071 Aldrans
Tel. 0512/42112

Vorarlberg

Ehe- und Familienzentrum der Diözese Feldkirch
Feldegg-Gasse 1
A-6800 Feldkirch
Tel. 05522/74139

Wien

Magistrat der Stadt Wien
Magistratsabteilung 11
Schottenring 24
A-1010 Wien
Tel. 0222/53114/85111

Adressen in der Schweiz

Nach Auskunft der Organisation

Bund Schweizerische Frauenorganisationen
Worblaufen (Schweiz)
Tel. 004131/9214848

gibt es in der Schweiz insgesamt 34 Frauenzentralen, die von den Kommunen finanziert werden und kostenlose Beratungen anbieten (federführend: Stadt Zürich, quasi als Dachverband). Außerdem hat jede Gemeinde einen Sozialdienst, an den man sich wenden und um Hilfe und Adressenmaterial bitten kann.

Familien- und Erziehungsberatungsstellen gibt es in größeren Kommunen, die ähnliche Aufgaben wie die Stellen in Deutschland wahrnehmen.

Ebenso sind kirchliche Gemeinschaften auf diesem Gebiet aktiv; eine Dachorganisation gibt es allerdings nicht.

Überregionale Anschriften

Ehe- und Familienberatung

Pro Familia Schweiz
Laupenstraße 45
CH-3001 Bern
Tel. 031/3819030
Fax 031/3819131

Kinderschutzbund

Schweizerischer Kinderschutzbund
Brunnmattstraße 38
CH-3000 Bern 14
Tel. 031/3820233
Fax 031/3824521

Psychotherapeuten

Schweizer Psychotherapeuten-Verband
Weinbergstraße 31
CH-8006 Zürich
Tel. 01/2666400
Fax 01/2622996

Schweizerische Gesellschaft der Psychotherapeutinnen
Byfangweg 836
4011 Basel
Tel. 061/2819084
Fax 061/2819084

Wie läuft eine Beratung ab?

Die Beraterinnen und Berater (Diplom-Sozialpädagogen, Diplom-Pädagogen, Diplom-Psychologen, Theologen) nehmen sich Zeit für die Probleme ihrer Besucherinnen und Besucher und hören ihnen zu. Sie helfen ihnen mit Gesprächen, eigene Lösungen zur Überwindung ihrer Krise oder der Vermeidung einer nahenden Krise zu finden.

Frauen mit Familienproblemen werden einzeln, mit ihrem Partner oder mit den Familienangehörigen beraten und können, zum Beispiel im Rollenspiel oder bei Phantasiereisen, neue Handlungsmöglichkeiten erproben. Schon die Gelegenheit, in Ruhe zusammenhängend über die Entwicklung eines Konflikts zu erzählen und die einzelnen Etappen im Geiste nachzuvollziehen, hilft manchen Ratsuchenden, die eigene Reaktion und die der anderen besser einzuschätzen. Manchmal wird ihnen die Teilnahme an fachlich geleiteten Selbsterfahrungsgruppen angeboten, eine Chance, Erfahrungen mit Menschen in ähnlichen Situationen auszutauschen. Über den Verlauf der Beratung wird nach einem unverbindlichen Erstgespräch entschieden. Beratungsstellen arbeiten kostenlos, allenfalls wird eine kleine Spende erwartet.

Eine Therapie ist nötig, wenn bereits eine „Störung mit Krankheitswert" vorliegt. Die Honorare dafür müssen in der Regel aus der eigenen Tasche bezahlt werden; unter bestimmten Voraussetzungen geben aber auch die Krankenkassen Zuschüsse. Dies sollte mit ihnen vor Beginn der recht teuren Therapie geklärt werden. Bescheinigt ein Arzt oder ärztlicher Psychotherapeut deren Notwendigkeit, sind die Chancen einer Kostenbeteiligung sehr günstig. Eine Therapiestunde kostet zwischen 100 und 150 Mark.

Für einen Laien ist es schwierig, sich aus der Fülle des Angebots die für ihn passende Therapie auszusuchen. Sigmund Freud äußerte dazu: „Es gibt viele Arten und Wege der Psychotherapie. Alle sind gut, die zum Ziel der Heilung führen.“ Das Ziel heißt: Beim Klienten soll der Prozeß der Selbstentfaltung und Selbstbefreiung von Ängsten (etwa vor Auseinandersetzungen mit der als zu mächtig empfundenen Schwiegermutter) in Gang gesetzt werden. Wer sich unsicher fühlt, immer schnell klein beigibt und sich später darüber ärgert, wieder einmal unterlegen zu sein, kann in der Therapie einüben, seine Wünsche unmißverständlich zu äußern. Nur wer konsequent an einer klaren Linie festhält, wird ernst genommen.

Zu den bekanntesten Therapieformen gehören:

- *Die Paartherapie:* Ein chinesisches Sprichwort behauptet, man könne seine eigenen Fehler nur durch die Augen der anderen sehen. Diese Aufgabe fällt dem Therapeuten zu. Beide (Ehe)-Partner werden bei dieser Therapieform beurteilt und behandelt, auch wenn nur einer von ihnen zugibt, ein Problem zu haben. Der Therapeut soll herausfinden, warum sich die beiden immer wieder kränken und verletzen, obwohl sie es nicht beabsichtigen. Es geht nicht um Schuldzuweisungen, sondern um das Einüben einer neuen Form des Miteinander-Umgehens, die Aufhebung der Störelemente in der Beziehung. Auch die Rolle der Schwiegermutter kann dabei kritisch durchleuchtet werden: Warum kommt der Ehemann von seiner Mutter nicht los? Warum ist die Ehefrau eifersüchtig auf ihre Schwiegermutter? Der Therapeut ist der „neutrale Dritte“, der aus den Paar-Gesprächen unterschwellige Vorwürfe oder Mißverständnisse heraushört und sofort einhakt: „Wie ist das jetzt bei Ihnen angekommen, was Ihre Frau da gerade gesagt hat?“ Auch Spiele mit vertauschten Rollen können helfen, das gegenseitige Denken und Fühlen besser zu verstehen. In den Sitzungen übt das Paar mit dem Therapeuten als Schiedsrichter das konstruktive Streiten ein. Dadurch lernen die Partner ihre Empfindlichkeiten besser einzuschätzen. Streiten schafft Klarheit, und Klarheit erleichtert Entscheidungen.

- *Verhaltenstherapie:* Alle Verhaltensweisen werden erlernt. Schlechte oder den Betroffenen störende Gewohnheiten, die er aus eigener Kraft nicht loswerden kann, können durch Training wieder verlernt werden. Dabei helfen verschiedene Methoden. Zum Beispiel wird eine Liste mit angstauslösenden Situationen zusammengestellt, eine Art Angst-Tabelle.
  Dann beginnt nach einigen Entspannungsübungen der behutsame Angst-Abbau: Der Therapeut stellt erst leichte, dann immer schwerere Aufgaben, deren Bewältigung den Ratsuchenden allmählich Selbstvertrauen einflößt. Sind die kleinen Ängste überwunden, werden die größeren angepeilt. Die schüchterne Schwiegertochter (oder Schwiegermutter) lernt, ihr Problem zu benennen und der Angstgegnerin in der Familie so vorzutragen, daß es nicht als persönliche Kränkung, sondern als Angebot zum Gespräch über klärungsbedürftige, unbefriedigende Zustände begriffen wird.
- *Psychodrama:* Wem die Worte fehlen, um Einblicke in sein Seelenleben zu geben, der kann sich möglicherweise besser durch das Nachspielen und Nachempfinden schwieriger Situationen ausdrücken und spielend ein neues Verhalten erproben. Auch durch Puppenspiel oder das Anfertigen von Masken gewinnen die Klienten Einsichten und

machen Erfahrungen, die eine Veränderung ihres Verhaltens und ihrer Einstellungen ermöglichen.

- *Transaktionsanalyse:* Mit dieser Methode, die seit 1985 auch auf Polizeischulen gelehrt wird, können Konfliktsituationen besser analysiert und die eigene Handlungsweise besser darauf abgestimmt werden. Wenn Menschen Kontakt miteinander aufnehmen, zeigen sie sich entweder belehrend, überlegen, autoritär („Eltern-Ich"), neutral, sachlich, selbstverantwortlich („Erwachsenen-Ich") oder spontan, gefühlvoll, demütig und angepaßt („Kind-Ich"). In der Transaktionsanalyse soll das „Erwachsenen-Ich" mit Hilfe eines konkreten Behandlungsplans und konkret überprüfbarer Therapieziele gestärkt werden. Lernziel ist es, aus Konfliktsituationen als sanfter Sieger hervorzugehen und auf Provokationen gewaltfrei (mit Worten) zu reagieren.

Zum Nachschlagen

Bücher, aus denen in diesem Buch zitiert wird

Simone de Beauvoir: Das andere Geschlecht. Sitte und Sexus der Frau. Rororo- Sachbuch, Hamburg (1951)

Brigitte Hamann: Elisabeth, Kaiserin Wider Willen, Amalthea-Verlag, Wien, München, Berlin.(1981, 14. Auflage 1995).

Verena Kast: Loslassen und sich selber finden - Die Ablösung von den Kindern, Verlag Herder (Spektrum), Freiburg, (1991).

Barbara Yurtdaş: Wo mein Mann zuhause ist...Tagebuch einer Übersiedlung in die Türkei, Frauen aktuell, Rororo Taschenbuchverlag, Hamburg, 1991.

Barbara Yurtdaş: Wo auch ich zu Hause bin. Eine türkisch-deutsche Familiengeschichte, Piper-Verlag, München, 1994.

Anna Wimschneider: Herbstmilch. Lebenserinnerungen einer Bäuerin. Piper-Verlag, München,1984

Bücher für Mütter

Gerhard Amendt: Wie Mütter ihre Söhne sehen, Fischer-Taschenbuch, Frankfurt 1994.

Cheryl Benard, Edit Schlaffer: Mütter machen Männer - Wie Söhne erwachsen werden. Wilhelm-Heyne-Verlag, München, 1994.

Barbara Dobrick: Abschied von den Kindern. Loslassen und sich neu besinnen, Piper-Verlag, München, 1996.

Bücher für Frauen in der Lebensmitte

Anja Meister: Mein Kind zieht aus! Loslassen und dem Leben neue Inhalte geben. Reihe: „Ratgeber Leben Frau“, Verlag Gräfe und Unzer, München, 1995.

Roswitha Gruber: Die Zeit, die Dir bleibt. Ein Buch für Frauen in der Lebensmitte, Bastei-Lübbe-Verlag, Bergisch-Gladbach, 1992.

Roswitha Stemmer-Beer: Abenteuer Lebensmitte. Frauen im Wirbel der Wechseljahre. mvg-Verlag München, 1996.

Christine Swientek: Mit 40 depressiv, mit 70 um die Welt. Wie Frauen älter werden. Herder-Taschenbuch, Freiburg, 1991.

Bücher für Frauen, die selbstsicher werden wollen

Josef Kirschner: Die Kunst glücklich zu leben. Wie man lernt, seine Probleme selbst zu lösen. Knaur Verlag, München 1990.

Nicky Marone: Erlernte Hilflosigkeit überwinden. Fischer-Taschenbuch Verlag, Frankfurt, 1994.

Natalie Shainess: Keine Lust zu Leiden - Der Ausweg aus dem Teufelskreis weiblicher Lebensängste, SV International Schweizer Verlagshaus, Zürich, 3. Auflage Januar 1989.

Bücher für Frauen, die verstanden werden wollen

Vera F. Birkenbihl: Kommunikationstraining. Zwischenmenschliche Beziehungen erfolgreich gestalten. mvg-Verlag München, 1995 (mit Übungen).

Herbert Fensterheim/Jean Baer: Sag' nicht ja, wenn Du nein sagen willst. Wie man seine Persönlichkeit bewahrt und sich durchsetzt: im Beruf, in der Ehe, in der Liebe, im Familienkreis, in der Gemeinschaft. Wilhelm-Goldmann-Verlag, München, 1977.

Robin Norwood: Warum gerade ich? Ein Ratgeber für die schwierigsten Situationen des Lebens. Rowohlt Verlag, Hamburg, 1995.

Michael Paula: Sage, was Du meinst! Kompetenz und Vertrauen durch bewußte Kommunikation. mvg-Verlag, München, 1994.

Noch mehr zum Thema Schwiegermütter

Schneider/Von Luck: Schwiegermütter, Schwiegertöchter. Eine schwierige Beziehung. Wolfgang Krüger Verlag/S. Fischer-Verlag,Frankfurt (1994).

Für Krimi-Leserinnen

Dorothy Cannell: Nur eine tote Schwiegermutter... Ein Elli Haskell-Krimi. Econ-Taschenbuchverlag Düsseldorf, 1996.

Bildnachweis

Schiek, Guido: S. 34, S. 76, S. 81, S. 84, S. 96, S. 104, S. 117, S. 127, S. 133, S. 140, S. 145, S. 149, S. 154, S. 160, S. 166, S. 168

Associated Press Photos: S. 20 (1,2), S. 24

Ehry, Claudia: S. 27

Kunsthistorisches Museum, Wien: S.14, 17

Laßhof, Hermann: S.9

Sachs, Christel: S. 49

Schmidt, Jürgen: S. 5

Visum/Modrow, Jörg: S. 62